따라 하다 보면
나도 AI디자이너2

따라 하다 보면
진짜 누구나 배울 수 있다!
나도 AI 디자이너 2

양현진 지음

프롤로그

현재를 바꾸고 싶다면
AI디자인을 배워라

대학 전공부터 직장인이 되어 지금까지 쭉 IT 업종에 종사했다. 그럼에도 내가 집필한 책은 주로 육아 관련 서적이다. 이유는 단순하다. 일만 하다가 육아라는 걸 처음 접해 보니 지금까지의 나의 삶과 완전히 다른 삶이 펼쳐지는 걸 깨달았기 때문이다. 힘들다 어렵다는 말로는 절대 다 표현할 수 없는 그런 영역이었다. 모든 부모가 그런 어려움을 겪을 것 같아서 조금이라도 도움이 되고자, 세 자녀를 키우며 좌충우돌한 이야기를 책으로 집필했다.

그랬던 나에게 심경의 변화가 찾아왔다. 머리를 크게 맞은 것 같은 충격이었다. 충격을 경험한 다음 날, 나는 바로 AI디자인 책을 집필하기 시작했다.

육아하며 알고 지내게 된 K라는 분이 계셨다. 늘 어두운 표정에 그늘져 있는 모습이 마음에 걸렸던 분이었다. K는 현재 평범한 가정주부다. 결혼 전에도 전문직이나 그런 일을 한 것은 아니었지만, 고졸이라는 학력으로 음식점, 마트, 백화점 등 아르바이트로 열심히 일하며 살아왔다고 했다. 배움이 부족하니 제대로 된 직장에 취직을 못 해서 돈을 벌지 못했다고 나에게 좋은 직장에 다녀 좋겠다며 넋두리를 했었다.

K는 20대 젊은 시절 동안 주말에도 제대로 쉬지 못했고, 해외여행 한번 다녀온 적이 없다고 했다. 그러다가 지금의 남편을 만나 결혼했고, 아이를 바로 가지게 되었는데, 출산 후 큰 우울증이 밀려왔다고 했다. 현재 우울증 치료를 받고 있는 K는 나를 만나서 이렇게 말했다.

"저 너무 바보 같아요. 지금껏 왜 이렇게 살았는지 모르겠어요. 너무 쓸모없는 사람 같고… 잘할 줄 아는 것도 없이……."

K의 이야기를 듣고 생각했다.
'AI를 배우면 되는데……?'

세상은 바뀌고 있다. AI의 무서운 발전 속도처럼, AI디자인을 배우면 현재의 나도 바뀔 수 있다.

AI디자이너는 누구나 할 수 있을 정도로 쉽고, 진입장벽도 낮다. 심지어 배운 후에는 AI디자인으로 할 수 있는 일이 너무나 많다. 무자본으로 수입을 창출하거나, 기업에 채용될 수 있는 기회도 생긴다.

지금은 비록 스스로가 할 수 있는 게 없다고 쓸모없다고 자책하고 있을지라도, AI를 배운다면 머지않은 미래에 현실을 가장 선도하고 있는 사람이 되어 있을 것이다. 아니 무조건 된다!

왠지 어려울 것 같고 망설여진다면 이 책을 한 번만 봤으면 좋겠다. 전문가라고 해서 어렵게 전문 용어를 남발하며 쓰인 책과는 다르다. 쓸데없는 사족은 과감히 버렸다. A부터 Z까지 따라만 하면 쉽게 배울 수 있게 회원 가입 방법부터 활용 노하우까지 상세히 담았다.

현재를 바꾸고 싶다면, 발전하고 싶다면, 세상을 선도하고 싶다면 꼭! 한 번만 도전해 보길 바란다.

양현진 작가

프롤로그 현재를 바꾸고 싶다면 AI디자인을 배워라 . 5

PART 1 개인편 | AI디자인을 통한 수익 창출 방법

01 AI디자인의 시대 . 13
   1. AI디자인으로 현재의 나를 뛰어넘어라 . 13
   2. AI에 대한 거부감이 든다면? . 16
   3. AI 이미지를 이용한 수익화 전략 . 21
   4. 억대 연봉 직군 프롬프트 엔지니어 . 24

02 프롬프트 공략 . 30
   1. 프롬프트를 통한 수익화 1: 프롬프트를 사고파는 곳 . 30
   2. 프롬프트를 통한 수익화 2: '프롬프트베이스'에서
      판매 따라 하기 . 34

03 AI 이미지 판매 공략 . 46
   1. 이미지 판매를 통한 수익화 1: AI 이미지를 파는 곳 . 46
   2. 이미지 판매를 통한 수익화 2: '미리캔버스'에서
      판매 따라 하기 . 53
   3. 이미지 판매를 통한 수익화 3: '어도비 스톡'에서
      판매 따라 하기 . 65

04 NFT 공략 . 85

    1. NFT를 통한 수익화 1: NFT를 사고파는 곳 . 88

    2. NFT를 통한 수익화 2: '오픈씨'에서 판매 따라 하기 . 95

05 이미지 + 제품 판매 . 122

    1. 주문형 인쇄 플랫폼을 통한 수익화 1: 주문 제작 제품을 사고파는 곳 . 125

    2. 주문형 인쇄 플랫폼을 통한 수익화 2: '레드버블'에서 판매 따라 하기 . 132

PART 2 기업편
기업이 성장하기 위한 과정

01 AI디자인 인재로 취업 뽀개기 . 175

    1. 문은 두드려야 열린다 . 175

    2. 기업에 필요한 AI 이미지 활용 제안 . 182

02 AI디자인 인재를 선점해야 산업에서 선두가 될 수 있다 . 226

    1. 지금 시작해야 되는 이유 . 226

    2. 이미지 프롬프트 엔지니어에게 필요한 역량 . 233

    3. 기업은 이미지 프롬프트 엔지니어가 필요하다 . 237

    4. 회사 경쟁력을 높이는 열쇠: 이미지 프롬프트 엔지니어 육성 . 241

    5. 기업에서 이미지 프롬프트 엔지니어를 실전에서 활용하는 방법 . 244

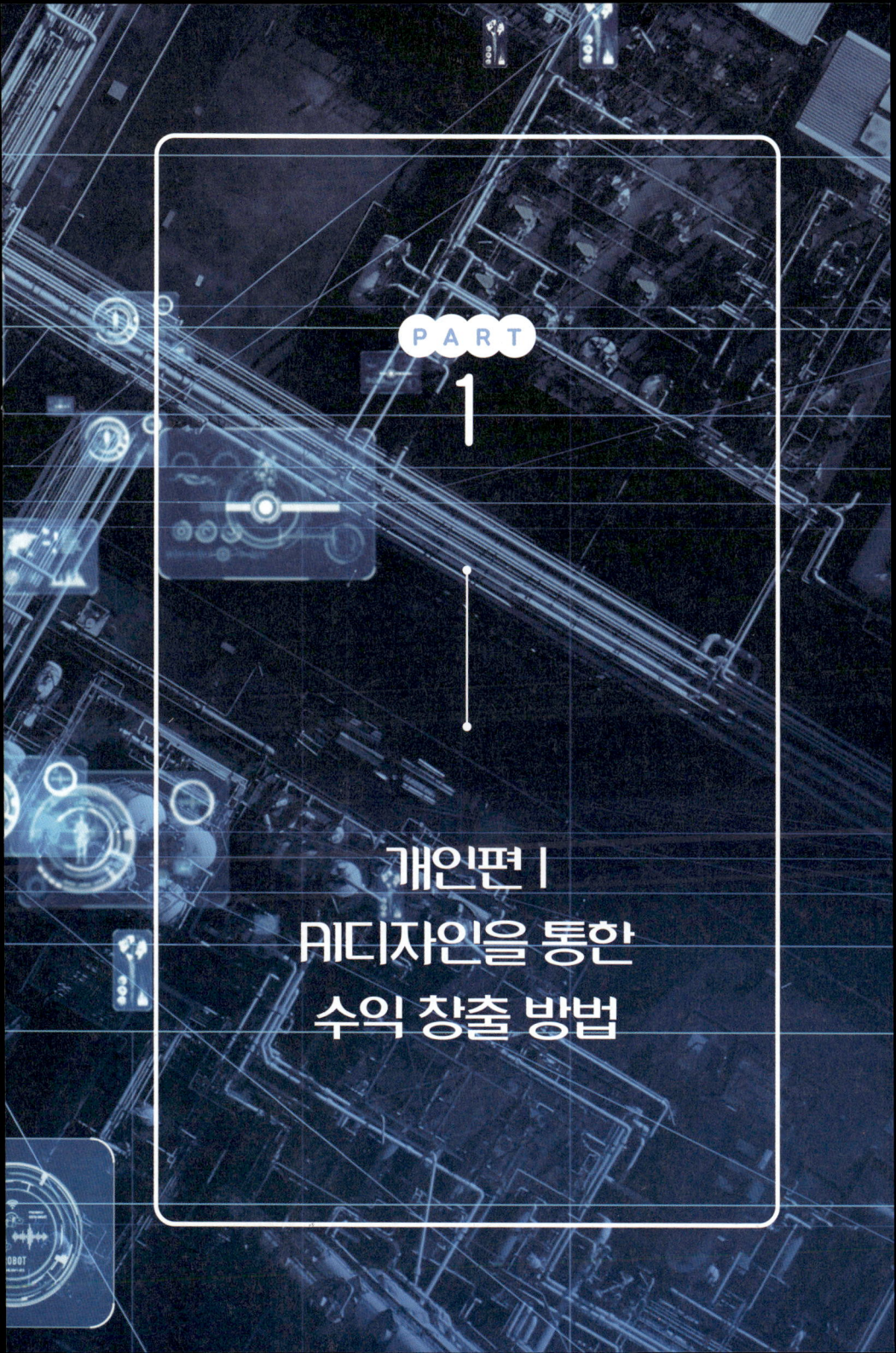

PART 1

개인편 |
AI디자인을 통한
수익 창출 방법

01

AI디자인의 시대

1. AI디자인으로 현재의 나를 뛰어넘어라

"애벌레의 시간은 끝났다. 당신의 날개는 준비되어 있다."

나비가 되려면 먼저 번데기 단계를 거쳐야 한다. 번데기는 보통 겉이 단단하고 매끄러운데 이 특성 덕분에 애벌레는 다양한 외부 환경으로부터 보호를 받는다. 어두운색의 껍데기는 자연에서 포식자로부터 잘 숨을 수 있게 해 준다. 더구나, 이 껍데기는 심한 날씨와 기후 변화에도 견딜 수 있게 설계되어 번데기 안은 안전하고 편안한 공간이다. 여기에서는 특별히 노력하지 않아도 생존에 문제가 없다. 그러나 이 상태에서 계속 머물게 된다면, 결국 나비는 될 수 없다.

우리는 누구나 성공할 수 있다. 그러나 그것은 현재의 '평범하고 안전한' 영역을 뛰어넘을 용기가 있을 때만 가능하다. 이 '평범하고 안전한' 영역은 사회적 규범과 기대치, 또는 이에 묶여 있는 생활 방식을 의미한다. 이는 우리에게 편안함과 안정감을 제공하는 반면, 새로운 경험과 변화에 대한 우리의 용기를 제한한다. 즉, '평범하고 안전한' 영역은 성장의 한계를 만든다는 의미다. 따라서 나비가 되어 날기 위해서는 '번데기'를 벗어날 수 있는 용기가 필요하다.

성공을 향한 새로운 여정을 시작하려면 무엇이 필요할까? 바로 '변화'다. 이제는 자신에게 변화를 허락해야 한다. 우리는 모두 현실을 바꾸고 한계를 넘어설 수 있는 능력을 갖추고 있다. 중요한 것은 그 능력이 우리 안에 존재한다는 사실을 깨닫는 것이다.

자, 이제 그 변화의 힘을 시대에 걸맞게 AI(인공지능)와 합쳐 보는 건 어떨까? 분명 더 크고 높이 도약할 수 있을 것이다. 왜냐면 새로운 미래를 개척할 수 있기 때문이다.

예를 들어, 의사가 병을 진단하고 약을 처방하는 경우를 생각해 보자. 같은 병일지라도 환자의 상태에 따라 어떤 치료 방법을 선택할지, 어떤 약을 얼마나 처방할지, 그 내용은 다를 수밖에 없다. 하지만 전적으로 의사의 판단에만 의존하는 것은 한계가 있다. AI가 환자의 유전자와 그동안의 건강 상태를 분석하고, 딱 맞는 처방을 내린다면 환자의 회복 가능성은 눈에 띄게 좋아질 것이다. 그리고 미래에는 불치병도 정복할 수 있을 것이다.

AI에는 여러 종류가 있지만, 우리가 이 책에서 알아볼 것은 생성형 AI다. 생성형 AI는 말 그대로 무언가를 만들어 내는 기술이다. 여러 콘텐츠를 학습하고, 그 패턴에 따라 새로운 콘텐츠를 만들어 낸다.

생성형 AI는 무한한 기회를 제공하는 개방적인 분야다. 이 기술을 활용할 수 있는 영역은 굉장히 넓다. 특히 이미지 제작을 손쉽게 할 수 있다면, 더 높은 수준의 창의적 작업을 위한 시간과 자원을 확보할 수 있을 것이다.

생성형 AI 분야는 아직 초기 단계에 있다. 이를 창의적으로 활용하기 위해서는 자신의 장점이 무엇인지 알아야 한다. 미적 감각이 좋다? 스토리텔링을 잘한다? 끈질기게 물고 늘어진다? 애니메이션을 좋아한다? 등등 어떠한 장점이라도 그것을 활용하여 무기로 만들 수 있기 때문이다. 생성형 AI의 세계에서 이미지 프롬프트 엔지니어로서의 여정은 무한한 가능성으로 가득 차 있다. 아직도 멀게만 느껴지는가? 당신은 이미 이 책을 읽고 있는 순간, 이미지 프롬프트 엔지니어로서 첫발을 내디딘 것이나 다름없다. 인생을 변화시키고 사회를 변화시킬 혁신이 이미 시작된 것이다. 계속해서 당신의 능력을 다듬고, 유연하게 대처하며, 알려지지 않은 영역으로 나아가는 것을 두려워하지 마라.

자, 이제 AI를 효과적으로 활용하여 현재의 상황을 벗어나 새롭게 태어날 준비가 되었는가? 꿈을 꾸고 배우며 성장하라! 이제는 인공지능을 배우고, 이를 효과적으로 활용하여 남들보다 빠르게 성공의 길로 들어서야 할 시간이다.

2. AI에 대한 거부감이 든다면?

"우리는 아름다운 파리 하늘 아래에서 이 끔찍한 철탑이 우뚝 서서 영원히 우리의 도시를 가리게 될 것임에 대해 깊은 비애를 표합니다."

파리의 유명한 작가와 예술가들이 에펠탑을 두고 발표한 공개 서신의 내용이다. 보다시피 에펠탑은 처음부터 환영받지 못했다. 건설 기간(1887~1889년) 동안 파리 시민들의 강한 반대가 있었다. 당시 많은 사람들은 에펠탑을 '무용하고 못생긴 철물 조각'이라 묘사했다. 프랑스의 예술과 과학 수준을 망친다고까지 말하는 사

처음과 달리 세계적인 명소로 인정받고 있는 에펠탑

람들도 있었다. 그러나 완공된 이후는? 당연히 모두가 알고 있겠지만 에펠탑은 전 세계적으로 많은 사랑을 받으며 프랑스의 대표적인 관광 명소가 되었다. 해마다 수많은 관광객들이 에펠탑을 보기 위해 프랑스 파리로 몰려들고 있다.

이제는 일상생활에서 없어서는 안 될 필수가 된 자동차. 이 자동차 역시 처음 등장했을 때(19세기 말~20세기 초), 사람들은 다양한 이유로 자동차에 대해 부정적인 반응을 보였다. 자동차는 속도 조절이 어렵고 안정성이 떨어져 사고 발생률이 높았다. 이는 사람들이 자동차를 위험하다고 인식하게 만들었다. 고장 또한 자주 났는데, 이를 수리하는 인력이 부족하여 종종 길에 세워 놔야 했다. 시간이 흐르면서 기술적 결함이 줄고 안전성이 크게 향상되었다. 교통 관련 교육도 강화되며 법규가 개선되면서 사람들의 의식도 개선되었고, 많은 사람들이 자동차를 사용하기 시작했다. 그리고 오늘날에 이르러 자동차는 필수적인 교통수단이 되었다.

당일배송, 로켓배송 등등 너무나 편리한 인터넷 쇼핑몰도 초창기엔 지금과 다른 시선이었다. 인터넷 쇼핑몰이 본격적으로 등장한 건 2000년대 초반이었는데, 뉴스에서는 쇼핑몰 사이트에서 일어난 사기 사건을 집중적으로 보도했다. 주문을 했는데 택배에 벽돌이나 쓰레기가 들어 있거나, 환불이나 교환이 어렵다는 등의 부정적인 기사들이었다. 사람들은 제품의 품질, 색상, 사이즈를 직접 눈으로 확인하지 못한다는 것에 대해 강한 불안감을 가지고 있었다.

인터넷 쇼핑몰에 대한 초기의 부정적 반응도 시간이 지남에 따라 변화하기 시작했다. 향상된 보안 기술, 효율적인 배송 시스템과 고객 서비스 개선으로 오늘날 많은 소비자들은 온라인 쇼핑을 거리낌 없이 사용하게 되었다. 인터넷으로 주문하면 바로 문 앞에 배송된다는 장점이 빛을 발한 것이다.

현재 AI도 다양한 견해가 있다. AI로 인해 많은 혜택을 얻을 수 있다는 기대와 함께 부정적인 시각도 상당하다. ChatGPT가

유명하다고 하여 몇 번 사용해 보고는 "신기하네", "이상한 답변을 하네"라고 생각하고 다시 기존의 삶으로 돌아간다. 현재 AI가 부정적인 이유는, 인간의 일자리를 대체할 것이라는 두려움이 크다. 또한 사용자의 데이터를 학습하면서 생길 수 있는 개인 정보 침해나 보안 위협에 대한 우려도 있다. 특히 디자인 분야에서는 AI가 생성한 그림에 대한 저항감이 아주 강하다.

지금까지 살펴보았듯이 처음, 새로운 것에 대한 반감은 당연히 있어 왔다. 하지만 이 역시 시간이 지나면서 그 가치와 필요성이 부각되고, 결국은 생활의 일부로 깊숙이 자리 잡게 될 것이다.

여기서 핵심은 다음과 같다. "초기의 부정적인 시각은 그 기술의 잠재력을 제한하는 것이 아니라, 오히려 그 기술을 어떻게 개선하고 사회와 조화를 이룰 수 있는지에 대한 해결책을 만들게 해 준다."는 것이다. 부정적인 시각을 없애기 위해 고민하고, 기술을 개선하면서 점점 편리해지고 일상에 스며들어, 점차 사회에 받아들여지기 때문이다.

지금까지 살펴본 예를 통해 우리는 AI의 미래를 예측할 수 있다. 그것은 먼 미래의 이야기가 아니다. 우리가 지금 바로 마주하고 있는 현실이다. 현재 많은 사람들이 AI에 대해 부정적인 시각을 가지고 있지만, 그것을 해결하는 방향으로 기술이 점점 발전하고 있고, 그 가치와 중요성이 입증되고 있다.

AI의 발전과 함께 다양한 문제점들이 등장하는 것은 필연적인 과정이다. 에펠탑, 자동차, 인터넷 쇼핑몰 등 초기의 부정적인 반응 속에서도 결국 중요한 위치를 차지하게 된 기술들처럼, AI도 곧 우리 생활에 없어서는 안 될 필수 요소가 될 것이다. 그렇기 때문에 지금 시작해야 한다. 그래야 변화의 주인공이 될 수 있다.

변화를 두려워하지 말고 AI를 최대한 활용하라. AI 이미지를 통해 수익을 창출하고, 세상을 선도하는 사람이 되어 보자. 성공은 보장되어 있다. AI와 함께 보다 나은 미래를 만들어 보자!

지금 시작한다면, AI의 힘을 활용하여 더욱 풍요롭고 진보된 세상을 만들어 현재와 다른 삶을 살아가게 될 것이다.

3. AI 이미지를 이용한 수익화 전략

AI디자인으로 수익을 극대화할 수 있는 이유는, 대부분의 어려운 작업을 AI가 대신해 주기 때문이다. 이젠 집에서도 쉽게 AI 디자인으로 수익화를 실현해 보자. 방법은 다음과 같다.

1) AI디자인 플랫폼 선택

첫 번째 단계는 고품질 AI 도구가 있는 디자인 플랫폼을 선택하는 것이다. 텍스트를 입력하면 이미지를 만들어 주는 인공지

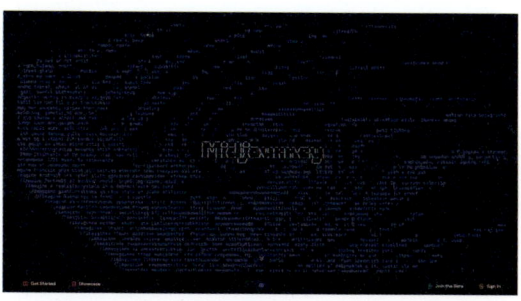

미드저니

DALL-E2

능 서비스가 많이 등장하고 있다. 예를 들어 Open-AI 사의 델이(DALL-E2), 미드저니(Midjourney), 플레이그라운드 AI(Playground AI), 움보아트(Wombo art), 노벨AI(NovelAI), 구글의 이매진(Imagen), 스태빌리티AI의 스테이블 디퓨전(Stable Diffusion) 등이 있다.

위 플랫폼의 특징은 1권에서 쉽고, 자세하게 설명해 두었다. 아직 1권을 읽지 않은 독자라면 먼저 읽어 보길 바란다. 이를 활용해 목적에 맞는 AI디자인 플랫폼을 선택한다면, 빠르고 효율적으로 이미지를 만들어 낼 수 있다. 이에 익숙해질수록 AI 이미지를 만들어 내는 데 시간을 절약하고 수익을 극대화할 수 있을 것이다.

2) 디자인 카테고리 선정

단순히 멋있어 보이는 것을 따라가는 것이 아니라 평소 내가 관심 있는 분야의 카테고리를 선택하는 것이 중요하다. 여기에는 로고 디자인, 웹 디자인, 아이콘 디자인, 패션 디자인, 제품 디자인 등이 포함될 수 있다. 평소에 좋아하는 그림체, 캐릭터, 판타지한 분위기 등도 도움이 된다. 나에게 맞는 특정 카테고리에 집중함으로써 나만의 개성이 들어간 고품질 디자인을 만들어 낼 수 있다.

3) 틈새시장 공략

일단 디자인 카테고리를 선택했다면 틈새시장에 집중하는 것이 중요하다. 남들 다 하는 것 말고 특정 취미, 직업, 연령, 문화에 포커스를 맞춘 디자인 시장을 공략해 보는 것이다. 예를 들어 10세 미만 아이들은 유희왕, 포켓몬스터 등의 캐릭터에 흥미가 많다. 이들이 관심을 보일 만한 새로운 캐릭터를 만들어 보는 것이다. 그럴듯한 이름을 붙인다면 그 캐릭터는 분명 인기가 있을 것이다.

4) 최신 트렌드 파악

최신 트렌드를 파악하고 시사 및 인기 주제와 관련된 디자인을 만드는 것도 도움이 된다. 현재 유행하는 주제에 집중하면 더 많은 소비자를 만족시킬 수 있기 때문이다. 예를 들어 여름 휴가철에는 바캉스나 캠핑 관련 디자인을 만들 수 있고, 겨울에는 크리스마스 디자인을 만드는 것이다. 최근 인기 있는 영화나 드라마가 있으면 해당 테마와 관련된 디자인을 만들어 수요를 늘릴 수 있다.

5) 판매 플랫폼 선택

내가 만든 디자인을 판매할 수 있는 방식은 크게 두 가지가 있다. ① 디자인 판매 플랫폼, ② 주문형 인쇄 플랫폼에서 이미지를 판매하는 방식이다. 각 플랫폼별 상세 내용은 125p에서 이어 설명하겠다.

6) 디자인 홍보

소셜 미디어(인스타, 페이스북 등), 블로그, 광고 등을 통해 나만의 디자인을 홍보할 수 있다. 이를 통해 많은 사람들에게 나의 디자인을 보여 주고 신규 고객을 유치할 수 있다.

수익을 내는 사람과 그렇지 못한 사람의 차이는 바로 실행력이다. 알게 된 것을 그냥 넘어가는 사람과 하나라도 실행해 보는 사람은 큰 차이를 보인다. 위에서 설명한 단계를 따르고 AI 도구를 활용하면, AI 생성 디자인 판매를 통해 노동 시간을 줄이고 수익을 극대화할 수 있다.

방법은 무궁무진하다. 본 책에서는 그중에서 일반인들도 쉽게 사용할 수 있거나, 핵심적인 부분을 담아내도록 노력했다.

4. 억대 연봉 직군 프롬프트 엔지니어

"억대 연봉을 받을 수 있다고? 그것도 약간의 키워드만 작성할 줄 알면 가능하다고?"

프롬프트 엔지니어에게 수억 원대의 연봉을 제시하며 관심을 보이는 국내외 기업들이 늘어나고 있다. 최근에는 **1** '앤트로픽(미국의 AI 스타트업)', '보스턴 소아병원', '미시콘 데 레야(영국의 대형 로

펌)', **2** '몬스터 랩(일본의 IT 회사)' 등이 프롬프트 엔지니어를 채용하려 한다는 소식이 들렸다. 심지어 수억 원대의 연봉을 제시하고 있다.

이런 추세에 힘입어 국내 생성 AI 전문 스타트업인 **3** '뤼튼테크놀로지스'와 사물에 센서를 붙여 실시간으로 정보를 주고받는 사물 인터넷(IoT) 기업 **4** '위즈네트' 등도 억대 연봉을 제시하며 이 분야의 인재를 영입하기 위해 치열하게 경쟁하고 있다.

[1] 앤트로픽 [2] 몬스터랩 [3] 뤼튼 [4] 위즈네트

이러한 현상은 앞으로 더욱 가속화될 것이다. 점차 인공지능의 중요성을 깨닫고 있는 국내외 기업들 사이에서 관련 인재를 확보하려는 경쟁이 점점 치열해질 것이라는 의미다. 인재 확보가 곧 기업의 경쟁력이기 때문이다. 미래를 선도할 기업은 프롬프트 엔지니어의 가치를 알아보고 누가 먼저 투자하느냐에 따라 그 순위가 변동될 것이다.

프롬프트(Prompt)란?

프롬프트(Prompt)란 특정 작업을 지원하거나 도와주는 메시지나 지시어를 의미한다. 예를 들어, 방송에서 아나운서가 정면을 바라보고 뉴스를 진행하는데, 이는 대본을 다 외워서 하는 것이 아니다. 정면 카메라에 '프롬프터'라는 화면을 사용하여 대본을 읽는 것이다. 여기에서 아나운서를 AI로, 프롬프터를 사용자로 생각해 보자. 사용자가 입력한 내용(프롬프터)에 따라 AI(아나운서)는 해당하는 결과를 출력한다. 즉, AI는 사용자의 질문이나 지시에 따라 다양한 결과를 제공하는 것이다.

이런 식으로 사용자가 AI에 전달하는 지시어나 메시지를 '프롬프트'라고 한다. 프롬프트는 입력 수준이 높을수록 더 정확하고 우수한 결과를 얻을 수 있다. 그만큼 프롬프트는 AI의 품질을 향상시키는 데에 중요한 역할을 한다.

프롬프트 엔지니어(Prompt Engineer)란?

사용자가 인공지능(AI)을 통해 원하는 결과를 얻도록 적절한 프롬프트를 설계하고 최적화하는 전문가를 일컫는다. 이때, 프롬프트 엔지니어에게 필요한 역량은 '데이터 분석 능력'과 '콘텐츠 구성 능력'이다.

AI는 무수히 많은 데이터와 지식을 학습하고 저장한다. 사용자가 원하는 결과를 얻기 위해선 AI가 적절한 데이터와 정보를 추출할 수 있도록 안내하는 것이 중요하다는 의미다. 즉, 프롬프트 엔지니어는 AI의 잠재력을 극대화하여 사용자가 원하는 결과를 얻을 수 있게 해야 한다. AI는 인간보다 훨씬 더 많은 정보를 처리할 수 있기 때문에 핵심적인 부분을 정확히 요구하는 세심한 프롬프트가 필요하다.

프롬프트 이미지

우리는 알아야 한다. AI가 제공하는 답변에는 절대적인 '정답'이 없다는 것을. 이 분야에서 전문적인 지식과 다양한 노하우를 갖춘 프롬프트 엔지니어의 역량이 점점 더 중요해질 수밖에 없는 이유를 말이다.

오늘날 컴퓨터를 사용할 줄 아는 사람이라면 당연히 컴퓨터를 켜고, 문서 파일을 열고, 인터넷에서 메일을 확인할 수 있다. AI의 잠재력을 끌어내는 프롬프트 엔지니어의 역량은 궁극적으로 컴퓨터를 켜고 끄듯이 모두에게 필요한 능력으로 자리 잡아 갈 것이다. 하지만 현재는 생소하다. 이제 막 프롬프트 엔지니어라는 직무가 등장한 것이기 때문이다. 프롬프트를 효율적으로 만들어서 퀄리티 높은 결과물을 만들 수 있는 전문가는 드물다. 지금 우리가 시작한다면 언제든지 선두를 차지할 수 있다는 의미다.

여기서 조금 더 추가하자면, 현재 이미지를 생성하는 사이트가 대부분 영어를 사용하는 것처럼 영어 프롬프트로 작성하는 능력을 키우는 것을 추천한다. (1권에는 영어를 못해도 영어 프롬프트를 잘 쓰는 방법이 담겨 있다.) 테슬라의 전 AI 책임자 안드레이 카파시는 "가장 인기 있는 새로운 프로그래밍 언어는 영어"라고 주장했다. 그러므로 영어로 프롬프트를 작성할 수 있는 능력을 갖춘다면 더욱 유능한 인재로 인정받을 수 있다.

테슬라 전 AI 책임자 안드레이 카파시 트위터

　전 세계적으로 AI 시장은 빠르게 성장하는 중이다. 이에 따라 새로운 사업 모델과 일자리 수요가 증가할 것으로 예상된다. 이 책에서는 프롬프트를 사용하여 어떻게 활용할 수 있는지 다양한 방법과 노하우를 제공하고 있다. 혁신적이고 창의적인 프롬프트 엔지니어, AI디자이너가 되고 싶다면 이 책과 함께 도전해 보길 바란다.

02

프롬프트 공략

1. 프롬프트를 통한 수익화 1: 프롬프트를 사고파는 곳

1) 프롬프트베이스(PromptBase)

프롬프트베이스(PromptBase, https://promptbase.com)는 프롬프트 거래를 위한 사이트다. 여기에서 거래된 프롬프트는 델이(DALL-E), 미드저니(Midjourney), 스테이블 디퓨전(Stable Diffusion) 및 GPT 등에서 사용이 가능하다. 점차 이 사이트에서 프롬프트를 구매하는 사람들이 많아지는 추세다. 프롬프트베이스에서 거래되는 미드저니 프롬프트의 가격은 대체로 1.99달러에서 6.99달러 사이다. 기본 수준의 프롬프트조차도 최소 1.99달러로 거래되고 있으니 노다지가 아닐 수 없다. 이 책의 1, 2권 내용만 읽어 봐도 쉽게 만들 만한 수준이 많으니 꼭 도전해 보길 바란다.

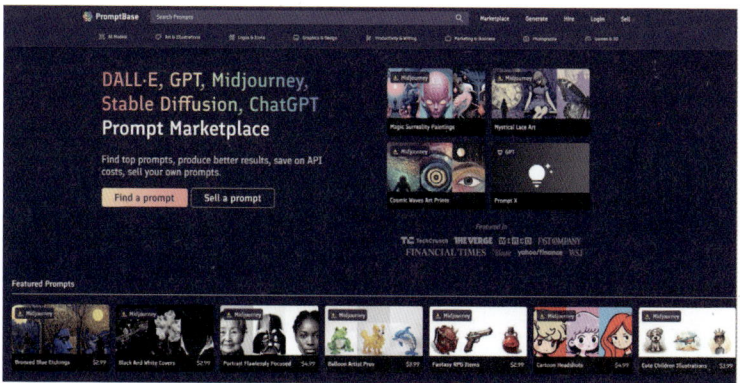

프롬프트베이스
저자가 프롬프트베이스에 판매 중인 프롬프트

프롬프트베이스 프롬프트 판매 화면

PART 1 개인편 | AI디자인을 통한 수익 창출 방법

2) 챗엑스(ChatX)

챗엑스(ChatX, https://chatx.ai) 역시 프롬프트 거래 사이트다. 델이, 미드저니, 스테이블 디퓨전 등의 이미지 생성 시스템과 챗GPT를 위한 프롬프트를 제공한다. 챗엑스의 프롬프트 자체는 무료로 활용할 수 있다. 프롬프트를 보고 사용자가 메일로 제작자에게 협업 요청한 것을 받아들이거나 제작자가 원하는 프로젝트에 참여하면서 수익을 얻을 수 있는 방식이다.

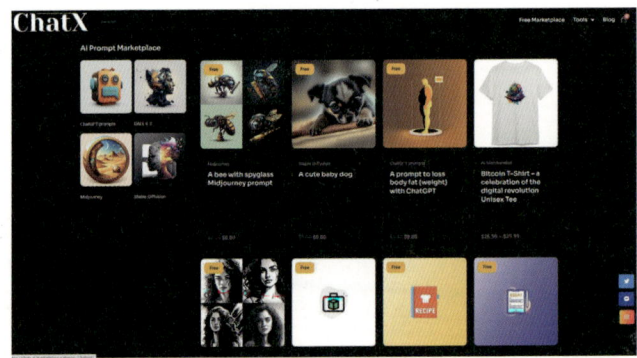

챗엑스

3) 프롬프트씨(PromptSea)

프롬프트씨(PromptSea, https://promptsea.io)는 프롬프트 단독으로 거래되는 것이 아니라 프롬프트와 이미지가 결합한 NFT 형태로 저장되어 거래된다. 여기서 저장되는 프롬프트는 NFT 소유자만 내용을 볼 수 있도록 암호화된다. NFT에 대해서는 뒤의 85p에서 더 자세히 다루도록 하겠다.

프롬프트씨

4) 프롬프트히어로(PromptHero)

프롬프트히어로(PromptHero, https://prompthero.com)는 다양한 분야의 AI 이미지를 만들어 낼 수 있는 사이트로, 큰 규모의 프롬프트 커뮤니티다. 건축, 인테리어, 음식, 애니메이션 등 다양한 분야의 AI 생성 이미지와 프롬프트를 무료로 살펴볼 수 있다. 프롬프트 엔지니어링 교육과 구인구직 서비스도 함께 제공한다.

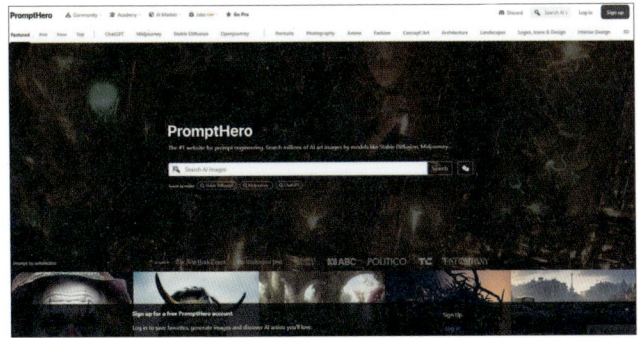

프롬프트히어로

2. 프롬프트를 통한 수익화 2: '프롬프트베이스'에서 판매 따라 하기

프롬프트베이스(PromptBase, https://promptbase.com) 플랫폼을 활용하여 프롬프트로 수익화하는 방법을 설명하겠다.

1) 프롬프트 제작

프롬프트를 만들 때 (프롬프트 제작은 1권에서 자세히 다루었으니 참고하길 바란다) 가장 중요한 것은 명확하고 이해하기 쉽게 작성하는 것이다. 또한 실질적으로 판매가 되기 위해서는 독창성, 창의성 등이 적용된 이미지가 더 좋다. 남들이 쉽게 만들지 못하는 이미지라면? 당연히 해당 프롬프트도 판매 가능성이 높아진다. 프롬프트베이스에 프롬프트를 등록할 때 주의할 점이 있다. 하나의 프롬프트 등록 시 9개의 이미지가 업로드되어야 한다는 것이다. 기본적인 프롬프트는 동일하며 바뀌는 단어만 [대괄호]로 표시한다. 이 부분은 38p에 상세히 설명하겠다.

프롬프트를 제작한 후에는 프롬프트베이스와 같은 플랫폼에 등록해야 한다. 아래는 프롬프트베이스를 대표로 설명한 것이다. 단계대로 따라 해 보자.

2) 가입 및 로그인

프롬프트 판매 플랫폼 오른쪽 상단에 있는 [Login]을 클릭한다. ❶ '로봇이 아닙니다'를 체크하고, ❷ 구글 계정이 있는 경우에는 구글 버튼을 클릭해 구글로 가입한다. 구글 계정이 없는 경우 이메일/패스워드를 입력하고 [Register]를 클릭하여 가입한다.

프롬프트베이스 첫 화면

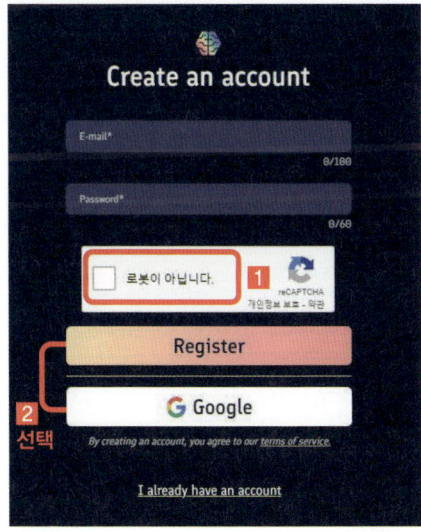

가입 및 로그인

3) 프롬프트 등록

① 오른쪽 상단에 있는 [Sell] 버튼을 클릭한다.

⟨Prompt Details⟩

② 여기서 아래와 같은 항목을 입력해야 한다.

1 Prompt Type: 프롬프트 타입은 총 4가지 항목이 보이는데 그중 1개를 선택해야 한다(GPT/ChatGPT, DALL-E, Midjourney, Stable Diffusion). 실제로 프롬프트를 만들었던 플랫폼을 선택하면 된다.

2 Name: 해당 프롬프트의 이름을 입력한다. 명확하고 해당 프롬프트를 잘 표현하는 이름을 사용하는 것이 좋다.

3 Description: 프롬프트에 대한 설명을 간략하게 작성한다. 기능과 사용 사례 등을 적어 사용자에게 프롬프트의 주요 내용을 전달할 수 있도록 한다.

4 Estimated Price: 프롬프트의 예상 판매 가격을 입력한다.

③ 필요한 정보를 입력한 후, [Next] 버튼을 클릭한다.

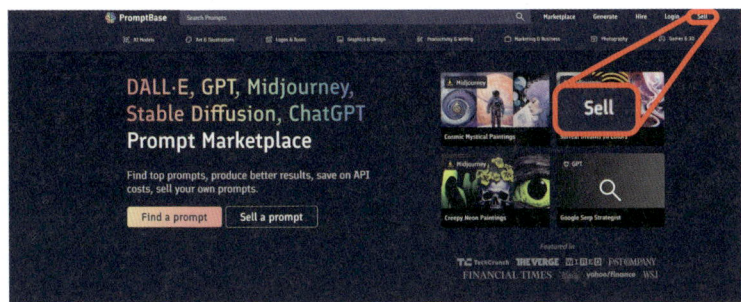

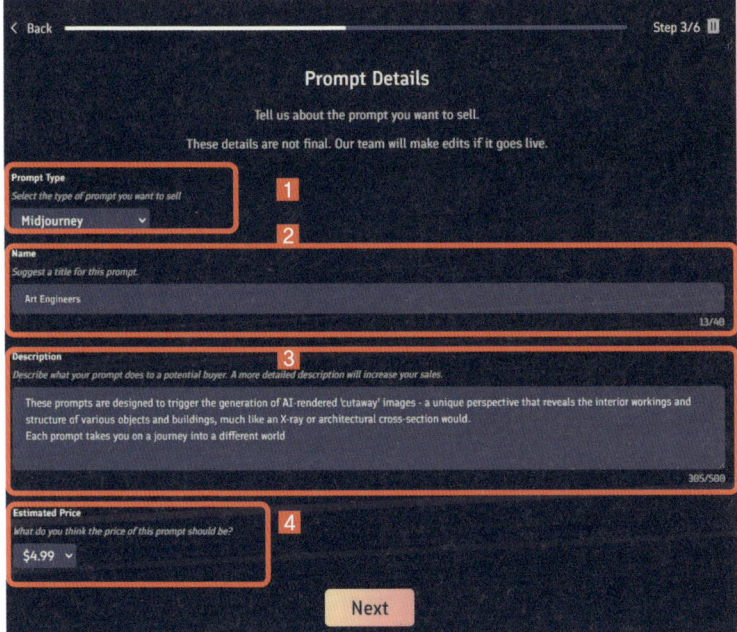

프롬프트 기본 정보 입력 화면

⟨Prompt File⟩

④ 프롬프트의 세부 정보와 이미지를 업로드해야 한다.

1 Prompt: 판매할 프롬프트를 입력한다. 프롬프트 안에 변경되는 대상을 [ ] 안에 넣는다. 예를 들어 '[꽃]의 인상파 유화(an impressionist oil painting of [flowers], 아래 그림 **1**)'라는 프롬프트는 [ ] 안에 꽃 이외에 다른 단어를 넣어서 대상만 바뀐 비슷한 스타일의 이미지를 만들 수 있다는 뜻이다.

2 Testing Prompt: [ ] 자리에 다른 단어가 들어간 프롬프트를 대괄호 없이 입력한다. 예를 들어 '강아지의 인상파 유화(an impressionist oil painting of dog, 아래 그림 **2**)'라는 프롬프트는 처음 프롬프트와 비슷한 스타일의 강아지 이미지를 얻을 수 있다. 해당 프롬프트는 구매 예정자에게는 표시되지 않는다.

3 Prompt Instructions: 프롬프트 구매자를 위한 추가 팁이나 예시를 넣을 수 있다. 필수 입력 값은 아니다.

4 Upload 9 example images generated by this prompt (no collages or edits): 총 9개의 샘플 이미지를 업로드해야 한다. 기본적인 프롬프트는 동일하고 [ ] 자리에 들어간 단어만 바꿔 만든 이미지여야 한다.

⑤ 모두 입력했다면 [Next] 버튼을 클릭한다.

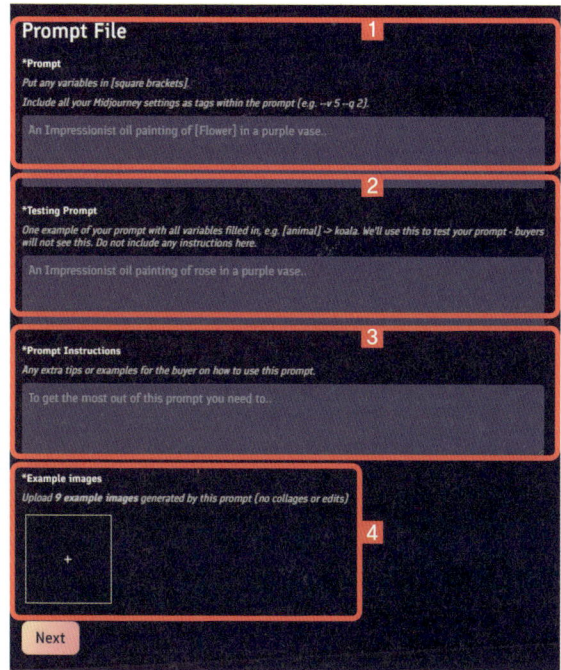

프롬프트 세부 정보 입력 화면

[ ] 안의 단어만 바꿔서 생성한 이미지
[1] an impressionist oil painting of flowers [2] an impressionist oil painting of dog

⑥ 정산 정보를 입력하는 페이지가 나온다. 가장 먼저 거주하는 나라를 선택한다. 나라를 선택하면 [Enable Payout] 버튼이 활성화된다.

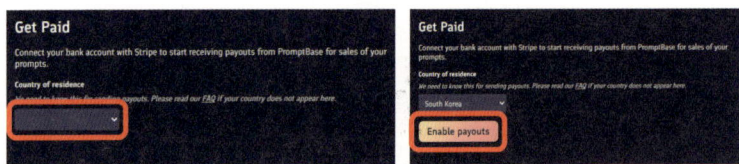

거주 나라 입력

⑦ 프롬프트베이스의 정산은 Stripe라는 결제 시스템으로 이루어진다. 기존에 가입된 것이 없다면 Stripe에 정산 정보를 입력하는 창이 바로 연결된다. 여기에서 전화번호를 입력해 본인 인증을 하고 [Continue] 버튼을 클릭한다.

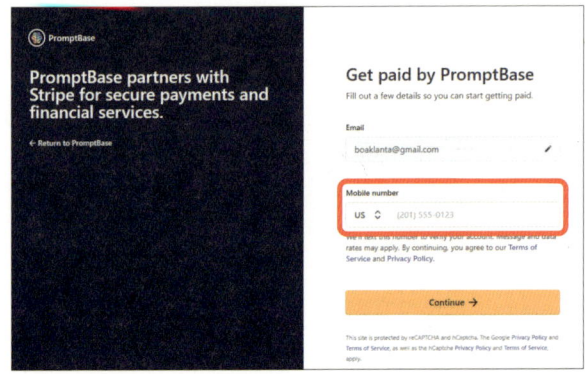

전화번호로 본인 인증

⑧ 이름, 생일, 주소, 전화번호를 입력하고 [Continue]를 클릭한다.

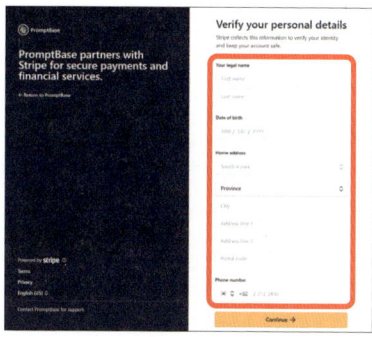

개인 정보 입력

⑨ 은행 swift code와 계좌번호를 입력하고 [Save]를 클릭한다. 은행 swift code는 국제적으로 사용하는 은행 고유 코드로, 네이버와 같은 포털 사이트에 '은행 이름 + swift code'로 검색하면 알 수 있다.

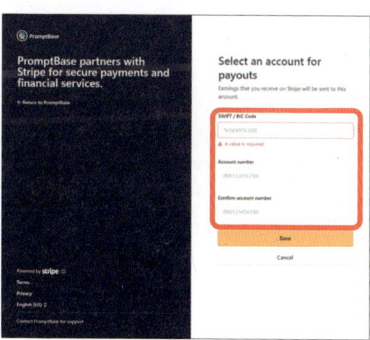

계좌번호 입력

⑩ 입력한 정보가 맞는지 최종적으로 확인한다. [Agree and submit]을 클릭하면 정산 정보 입력이 완료된다.

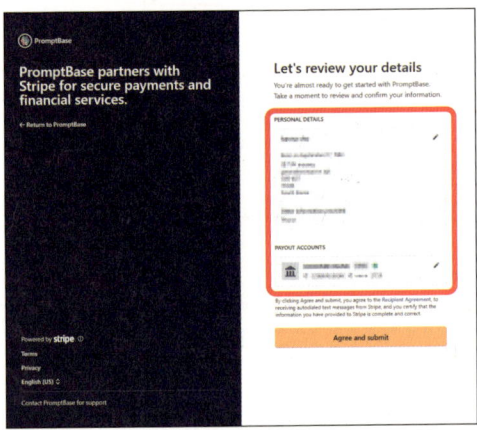

입력 정보 확인

⑪ 모두 올바르게 잘 입력되었다면 종료 페이지가 나타난다.

종료 페이지

4) 승인 과정

등록이 완료되면 플랫폼 관리자의 승인 과정을 거친다. 상단 무지개 모양의 아이콘을 클릭 후 [Prompt]를 클릭하면 이미지가 승인 대기 중인지 승인되었는지 확인할 수 있다. 처음에는 "Pending approval"이라고 표기되고 통과되면 "Approved"라고 바뀌며 바로 판매가 시작된다.

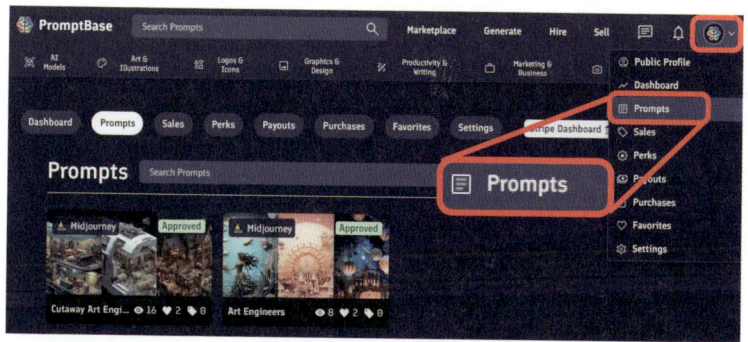

승인 상태를 확인할 수 있는 화면

승인 대기

승인 완료

5) 정산 방법

판매된 프롬프트에 대한 수익은 플랫폼의 정산 기준에 따라 이루어진다. 일반적으로 한 달에 한 번 정산되며, 지급 방식은 플랫폼마다 다를 수 있다. 프롬프트베이스는 오른쪽 상단 무지개 모양 아이콘을 클릭 후 [Dashboard]에 들어가면 정산 내역을 확인할 수 있다.

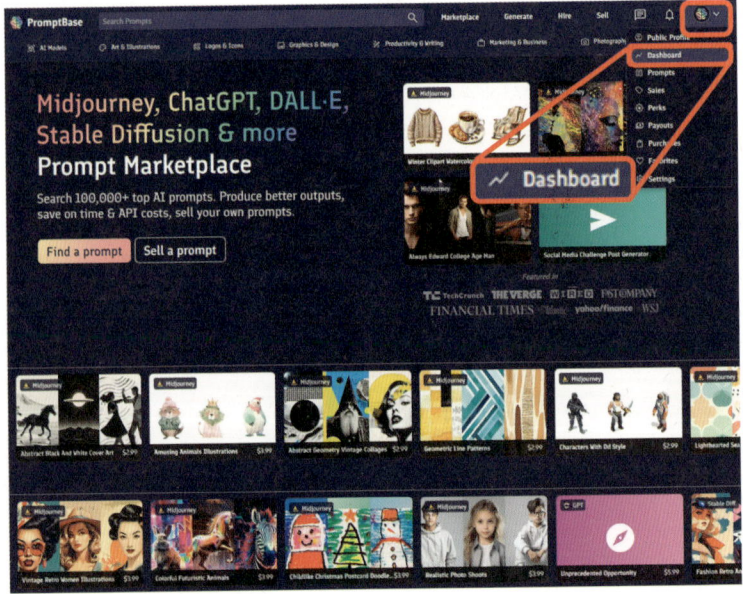

정산 화면

Tip) 수익 창출 전략

프롬프트를 통해 수익을 창출하기 위해서는 다음과 같은 전략을 고려해 볼 수 있다.

① 다양한 주제 활용: 이미지 디자인 분야에 다양한 주제의 프롬프트를 만들면 더 많은 사용자의 관심을 끌 수 있다.

② 독창적인 아이디어 제공: 사용자가 얻을 수 있는 영감이나 아이디어가 독특하고 유용할수록 더 높은 판매량과 수익을 기대할 수 있다.

③ 홍보: 소셜 미디어, 블로그, 커뮤니티 등을 활용하여 해당 프롬프트의 가치에 대해서 알리고 홍보한다.

④ 사용자 리뷰 수집 및 개선: 사용자의 피드백을 수집하고, 그에 따라 프롬프트를 개선하여 만족도를 높이고 프롬프트를 재구매할 수 있게 한다.

03

AI 이미지 판매 공략

1. 이미지 판매를 통한 수익화 1: AI 이미지를 파는 곳

　AI 이미지가 아닌 일반적인 이미지를 판매하는 플랫폼은 다양하다. 미리캔버스, 어도비 스톡(Adobe Stock), 크라우드픽, 셔터스톡(Shutterstock), 게티 이미지(Getty Images) 등등 많다. 하지만 우리가 판매할 이미지는 일반적인 것이 아니라 AI를 활용하여 생성한 이미지다. 최근에 AI가 생성한 이미지가 많아지고 그 품질도 높아지고 있는 만큼 이에 대한 다양한 의견들이 동시에 존재한다. 그리고 플랫폼마다 AI로 만든 이미지에 대한 정책이 다르다. (출간 기준이며, 사이트 정책에 따라 언제든지 변동될 수 있으니 판매 전에 확인이 필요하다.)

　- AI 이미지 업로드 가능: 미리캔버스, 어도비 스톡
　- AI 이미지 업로드 불가: 크라우드픽, 셔터스톡, 게티 이미지

미리캔버스와 어도비 스톡은 AI 이미지 판매가 가능하다. (물론 두 플랫폼 외 나머지 사이트에서 일반적인 사진이나 개인이 직접 만든 이미지는 얼마든지 판매가 가능하다.) 이 책에서는 위의 두 사이트를 통해 AI 이미지를 판매하는 방법을 집중적으로 다루겠다.

1) 미리캔버스

쉬운 디자인 사이트로 유명해진 플랫폼이다. 초보자가 포토샵 같은 복잡한 디자인 소프트웨어를 사용하기에는 사용 방법이 어렵고 비용도 부담스러운 것이 사실이다. 이러한 부담 없이 미리캔버스는 비전문가가 접근하기 쉽도록 구성되어 있다. 프레젠테이션 템플릿을 찾고 있는 학생이든, 교육 자료가 필요한 교사든, 홍보 디자인을 원하는 회사든, 봉사활동 자료를 찾고 있는 비영리 단체든 미리캔버스를 통해 쉽게 결과물을 만들 수 있다.

미리캔버스 홈페이지에 들어가면 "저작권 걱정 없는 무료 디자인 도구"라는 부분이 강조되어 있다. 이미지를 편집하고 사용하고자 하는 사람들이 가장 걱정하는 것을 모두 해결해 줄 수 있다는 자신감이 보이는 문구다.

사용자는 누구나 자유롭게 템플릿을 적용하고 수정하여 손쉽게 결과물을 만들 수 있다. 디자인에 대한 비용을 낼 필요도 없다. 왕관 아이콘이 있는 템플릿은 Pro 플랜(유료) 사용자를 위한 것이지만, 무료 템플릿도 다양한 옵션을 제공하고 있다.

미리캔버스는 프레젠테이션부터 유튜브(YouTube) 썸네일까지 모든 이미지를 다룬다. 이 중 비즈니스 프레젠테이션, 인포그래픽, 유튜브 썸네일이 미리캔버스에서 가장 인기 있고 많이 판매되는 경향이 있다.

미리캔버스 화면

2) 어도비 스톡(Adobe Stock)

어도비 스톡(Adobe Stock)은 전문 사진작가부터 그래픽 디자이너, 비디오 편집자까지 다양한 사람들에게 디지털 이미지를 제공하는 플랫폼이다. 사진, 벡터, 일러스트, 템플릿, 3D, 심지어 비디오까지 포함된 다양한 자료를 제공한다. 이 플랫폼은 '어도비 크리에이티브 클라우드(Adobe Creative Cloud)'라는 애플리케이션과 연계되어 있다.

어도비 스톡 메인 화면

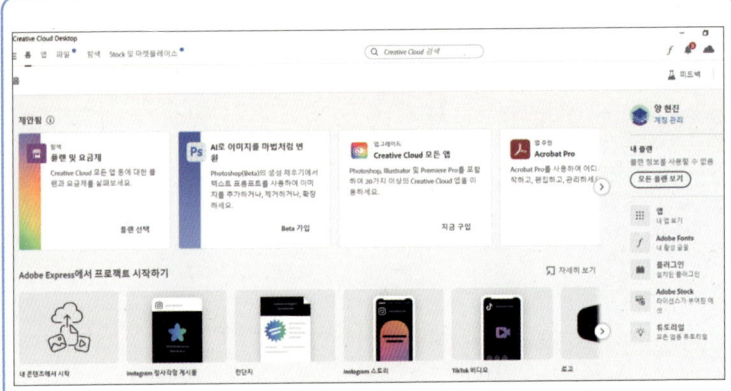

어도비 크리에이티브 클라우드 화면

어도비 크리에이티브 클라우드(Adobe Creative Cloud)란?

어도비사가 제공하는 클라우드 기반 서비스다. 디자인, 비디오 편집, 웹 개발, 사진 작업 등 이미지를 활용한 다양한 창의적인 작업을 할 수 있는 다양한 애플리케이션과 서비스를 제공한다. 여기에는 어도비의 주요 소프트웨어인 포토샵(Photoshop), 일러스트레이터(Illustrator), 인디자인(InDesign), 프리미어 프로(Premiere Pro) 등이 포함되어 있다. 이들 애플리케이션을 통해 사용자들은 그래픽 디자인부터 사진 및 비디오 편집에 이르기까지 다양한 창작 활동을 할 수 있다.

〈가장 인기 있는 이미지 유형〉

① 사진

사진은 어도비 스톡에서 가장 인기 있는 디지털 자산 중 하나다. 사진 카테고리 내에서는 라이프스타일 사진, 자연 촬영, 그리고 기업 테마의 이미지가 가장 높은 인기를 누리고 있다.

② 벡터 이미지와 일러스트레이션

벡터는 이미지를 수학함수로 표현하는 방식이다. 그림을 확대하거나 축소하면 그에 맞는 위치를 다시 설정해서 나타내는 것이다. 그래서 벡터 이미지는 이미지 크기에 상관없이 선명하다.

일러스트레이션이란 무언가를 설명하기 위해 그린 그림을 뜻한다. 디지털 시대에 벡터 이미지와 일러스트레이션은 웹 디자인, 프레젠테이션, 인포그래픽 작업 등에 점점 더 많이 활용되면서 중요성이 더해지고 있다. 어도비 스톡에서 이러한 이미지는 현재의

벡터(출처: 어도비)

일러스트레이션(출처: 어도비)

추세, 사회 문제, 또는 우정, 사랑, 단합과 같은 보편적인 주제와 관련된 것들이 특히 높은 수요를 보이고 있다.

③ 비디오 클립

틱톡, 인스타 등 다양한 플랫폼에서 비디오 콘텐츠의 사용이 증가하고 있다. 어도비 스톡의 비디오 클립 역시 주목을 받고 있는데, 디지털 마케팅이 중요해지면서 광고에 사용될 수 있는 영상이나 클립과 같이 다양한 목적에 활용할 수 있는 비디오가 잘 판매되는 경향이 있다.

④ 3D 모델

3D 모델이란? 어떤 작품을 만들기 전에 완성된 모습을 미리 볼 수 있는 입체 이미지를 말한다. 어도비 스톡 역시 3D 모델 이미지도 제공하고 있다. 이는 건축가, 엔지니어, 애니메이터 등 전문가들의 관심을 끌고 있다. 이러한 이미지는 시제품 제작(mock up), 건축 계획, 애니메이션 프로젝트 등에 사용할 수 있다.

⑤ 템플릿

디자인에 능숙하진 않지만 전문적으로 보이는 콘텐츠를 만들고 싶은 사람들을 위해, 어도비 스톡은 다양한 템플릿(소셜 미디어 게시물, 프레젠테이션, 명함 등)을 제공하고 있다.

2. 이미지 판매를 통한 수익화 2: '미리캔버스'에서 판매 따라 하기

1) 미리캔버스 기여자에 대해 알아보자

미리캔버스는 1000만 명 이상의 사용자를 보유한 한국에서 가장 인기 있는 에디터 서비스다. 이는 곧 1000만 명의 잠재 고객이 우리를 기다리고 있다는 뜻이다. 특히 젊은 층에서 인기를 끌고 있는데 1700개 이상의 학교에서도 사용되고 있다.

기여자란? 사용자를 위해 이미지를 업로드하는, 곧 판매자를 의미한다. 기여자는 사용자가 디자인할 때 쓸 다양한 종류의 콘텐츠(사진, 요소, 배경 등)를 제공한다. 사용자가 기여자의 콘텐츠를 디자인에 적용하여 문서를 다운로드하거나 인쇄할 경우, 기여자에게 로열티가 지급되는 구조다.

미리캔버스 기여자 프로그램의 장점은 다양하다. 우선 콘텐츠를 업로드한 후에도 지속적으로 수익을 얻을 수 있다. 구독, 단일, 인쇄 세 가지 유형의 라이선스로 수익을 창출할 수 있다. 디자인의 주제도 내가 선택할 수 있다. 원하는 주제를 선택하고 원하는 만큼의 콘텐츠를 제출하면 된다. 또한, 시간과 일정에 구애받지 않는다는 장점이 있다.

2) 계정 생성하기

미리캔버스 기여자가 되는 방법은 간단하다. 별도의 포트폴리오를 제출하지 않아도 바로 가입하고 시작할 수 있기 때문이다.

① 미리캔버스 디자인허브에 접속(designhub.miricanvas.com)한 후, [디자인허브 기여자 되기] 버튼을 클릭한다.

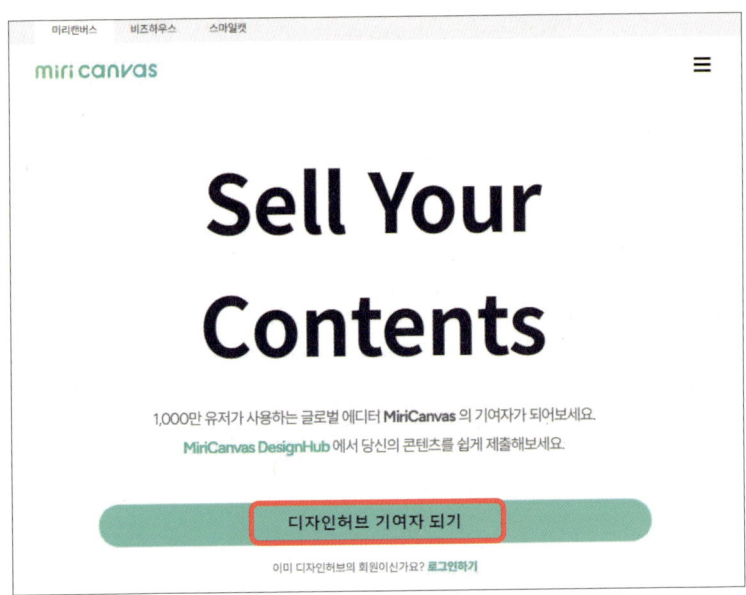

미리캔버스 디자인허브

② 회원 정보를 입력한다.

1 닉네임: 영어로만 입력하며, 특수문자는 포함할 수 없다.

2 이메일: 실제로 사용 중인 이메일 주소를 입력한다. 단, hotmail, outlook, icloud 이메일은 인증 메일을 받을 수 없으므로 다른 이메일을 사용해야 한다.

3 비밀번호: 8~16자리의 비밀번호를 설정한다.

위 정보를 모두 입력하고, 필수에 모두 체크한 후 [기여자로 가입하기] 버튼을 클릭한다.

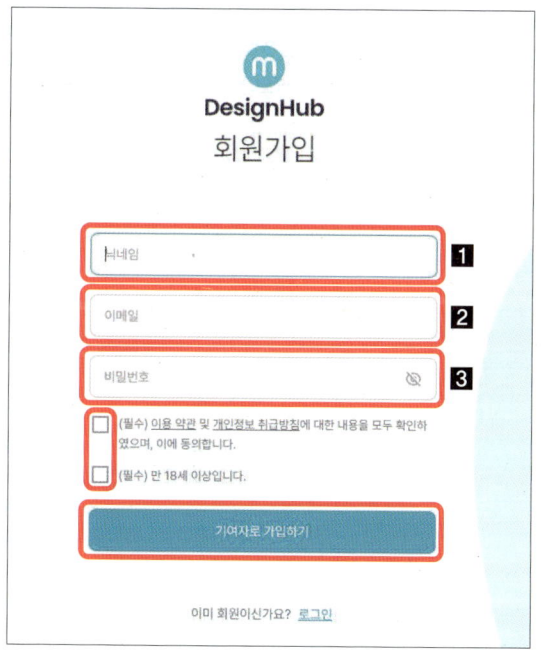

회원 가입 정보 입력

③ 가입 시 입력한 이메일 주소로 인증 메일을 발송했다는 창이 뜬다. 자신의 메일 계정에 접속하여 이메일을 확인하고 [이메일 인증]을 클릭한다.

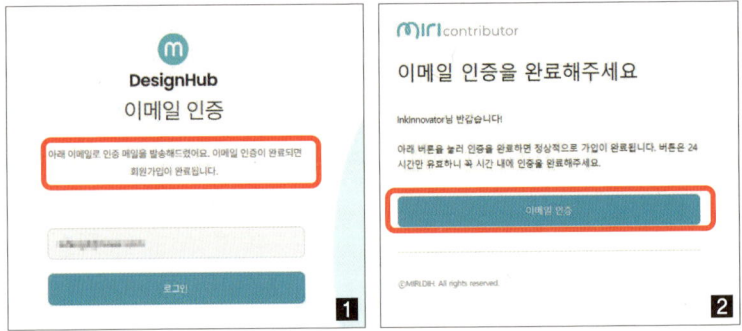

[1] 인증 메일 발송 안내 [2] 이메일 인증

④ 디자인허브 로그인 화면이 연결되면서 이메일 인증이 완료되었다는 메시지가 뜬다.

이메일 인증

※주의사항: 한 기여자당 한 개의 기여자 계정만 소유할 수 있으며, 다중 계정 소유는 엄격하게 금지되어 있다.

3) 콘텐츠 생성 및 규격에 맞게 편집하기

① 업로드할 이미지를 만들어야 한다. 본 책에서는 미리캔버스에서 가장 많이 활용 가능한 '아이콘'을 주제로 만들어 보겠다. AI로 제작한 이미지를 업로드할 것이므로 1권에서 익힌 내용을 활용해 보자. 아래 예시에 쓰인 스마트폰 아이콘은 미드저니에서 생성한 것이다.

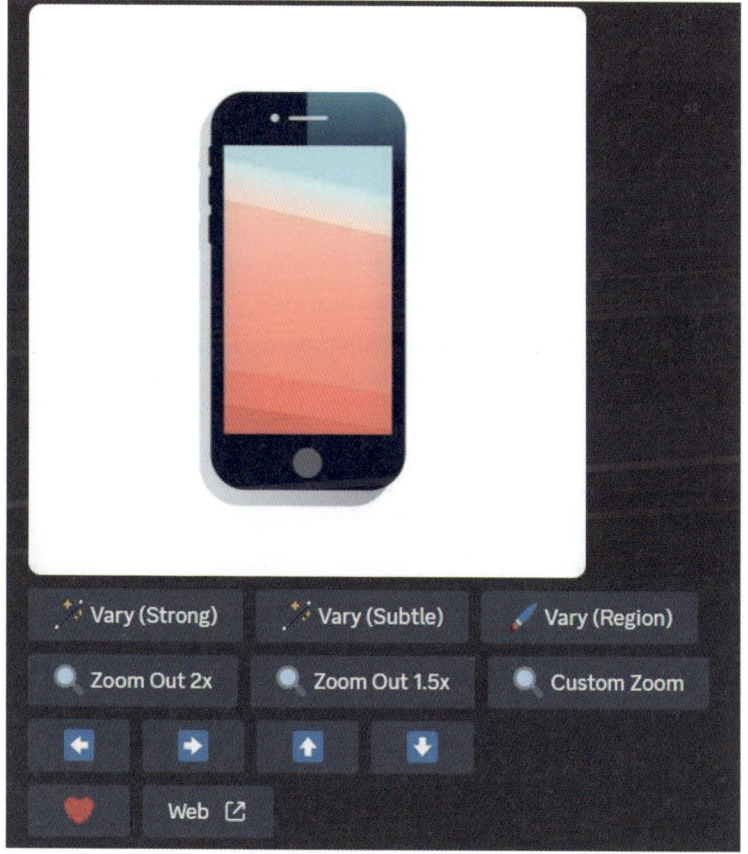

미드저니에서 생성한 스마트폰 아이콘

미드저니에서 생성한 이미지를 바로 미리캔버스에 올릴 수 없기 때문에 미리캔버스에서 지정한 규격에 맞게 한 번 가공해야 한다. 요약하면 다음 표와 같다.

카테고리	확장자	최소 해상도 (dpi)	최소 해상도 (px)	최대 해상도 (px)	최대 용량 (kb/mb)
사진, 배경 제거 사진	JPG, PNG	120	2500	9800	50MB
PNG 요소	PNG	120	700	9800	50MB
SVG 요소	SVG	72	-	6000	150KB
GIF	GIF	72	700	1920	25MB
배경	JPG	120	2500	9800	50MB

아이콘은 배경이 제거된 PNG 파일로 만들어야 한다. 편집 방법은 아래와 같다. (포토샵에서 편집이 가능하나, 본 책에서는 쉽게 접근할 수 있는 사이트를 통해 작업하는 과정을 안내하겠다.)

② 가장 유명한 사이트는 remove bg(https://www.remove.bg)다. 접속하여 이미지를 업로드한다.

remove bg 메인 화면

③ 이미지를 업로드하면 자동으로 배경이 삭제된다. 다운로드를 눌러 저장한다.

사진 업로드 완료

4) 콘텐츠 업로드

① 가입한 미리캔버스 기여자(DesigneHub) 페이지로 돌아와 위에서 만든 이미지를 업로드 후 [다음] 버튼을 클릭한다.

미리캔버스에 업로드

② **1** ~ **5** 까지 정보를 입력하고 [승인 요청하기]를 클릭한다.

1 AI 이미지 체크박스: 제출하는 콘텐츠가 AI 이미지 생성 플랫폼을 통해 만들어진 것이라면, 이 체크박스를 반드시 선택해야 한다.

2 콘텐츠 타입: 제출하는 요소가 어떤 종류의 콘텐츠인지 선택한다. 자세한 정보는 [자세히 보기] 버튼을 클릭하면 확인할 수 있다.

3 라이선스: 무료로 판매하려면 [스탠다드(무료)], 유료로 판매하려면 [프리미엄(유료)]를 선택한다. 유료 판매 시에만 수익이 발생하니 [프리미엄(유료)]를 선택한다.

4 요소 이름: 제출하는 요소를 잘 설명하는 이름을 입력한다. 이 이름은 모든 선택된 요소에 적용된다.

5 키워드: 해당 요소를 잘 설명하는 키워드를 1개에서 8개 사이로 입력한다. 이 키워드 역시 모든 선택된 요소에 적용된다.

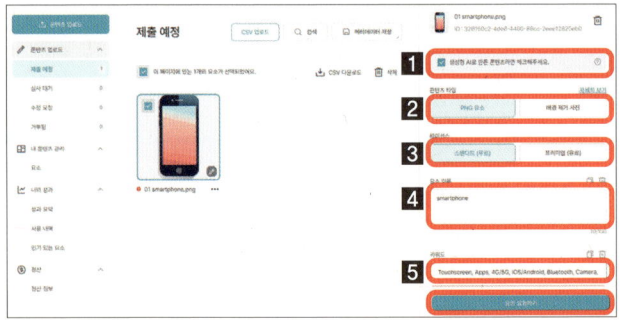

이미지 정보 입력

③ 콘텐츠 제출 확인 창이 뜬다. [위 내용을 확인했어요] 체크
박스 체크 후 [(이미지 수)개 콘텐츠 제출하기]를 클릭하면 업로드
가 완료된다.

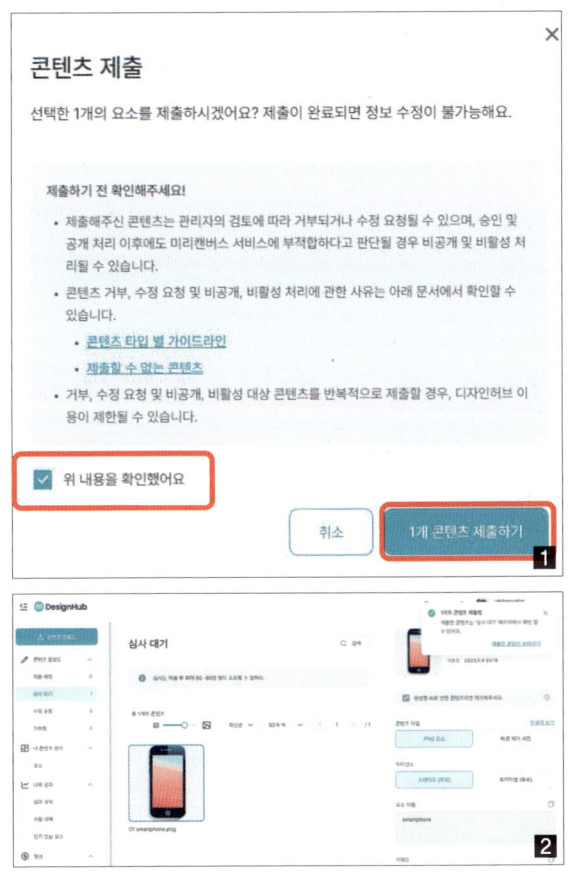

[1] 콘텐츠 제출 [2] 업로드 완료

5) 콘텐츠 승인

콘텐츠를 제출하고 나면, 다음과 같은 과정을 거치게 된다.

① 심사 대기: 콘텐츠 승인 요청 후, 해당 콘텐츠는 '심사 대기' 페이지로 이동한다. 이때 심사 기간은 최대 30~60일이 소요될 수 있다.

② 수정 요청: 심사 결과 관리자가 일부 파일이나 메타데이터의 수정을 요청하면, 해당 콘텐츠는 '수정 요청' 페이지로 이동한다.

③ 거부됨: 심사 결과 콘텐츠가 거부되면, 해당 콘텐츠는 '거부됨' 페이지로 이동한다.

④ 승인 완료: 승인이 완료된 콘텐츠는 차례대로 등록되며, '요소' 페이지에 표시된다.

상태가 변경되면 해당되는 상태의 페이지로 요소가 이동하기 때문에 각 페이지마다 해당 요소들을 확인할 수 있다. 그리고 약 2주 동안 올린 이미지에 대한 심사가 진행된다. 이미지를 판매하기에 적합한지, 키워드는 적절한지 보는 것이다. 심사 기간 중에는 '심사 중'으로 표기되고, 심사가 끝나면 '등록 중'으로 표기된다. 등록이 완료되면 표시가 사라지고 그때부터 이미지를 검색하거나 판매할 수 있게 된다.

6) 수익금 지급받기

로열티 지급에 관한 규칙은 다음과 같다.

① 지급되지 않은 로열티의 총액이 10만 원 이상이 되면, 그 달의 다음 달 25일에 로열티가 지급된다. 예를 들어, 3월 29일에 미지급된 로열티의 총액이 10만 원을 넘게 되면, 4월 25일에 지급된다.

② 로열티를 지급받기 위해서는 로열티를 받는 달의 10일 이전까지 반드시 필요한 서류를 제출해야 한다. 정산 정보는 로그인 후 왼쪽 메뉴 중 [정산 - 정산 정보*] 페이지에서 제출할 수 있다.

③ 만약 필요한 서류가 제출되지 않았거나 지급되지 않은 로열티가 10만 원 미만이면, 조건이 충족될 때까지 송금이 지연된다.

④ 세후 금액으로 지급되며, 세금과 관련된 정보는 다음 페이지에 설명해 두었다.

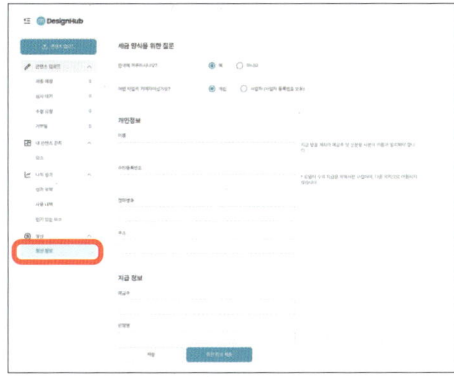

정산 정보*

<미리캔버스 세금 정보>

1. 사업자 등록이 없는 개인 기여자의 경우, 지급받은 금액에서 3.3%의 세금이 공제된 금액이 입금된다.
2. 사업자 등록증을 제출한 사업자형 기여자의 경우, 지급받은 금액에서 10%의 부가세가 공제되어 입금된다. 사업자 형태로 금액을 수령하려면 반드시 세금계산서를 발행해야 한다.

3. 이미지 판매를 통한 수익화 3: '어도비 스톡'에서 판매 따라하기

1) 어도비의 AI 파이어플라이: AI의 패자에서 왕좌로 돌아오다

"어도비의 포토샵은 이제 망했다."

생성형 AI 도구인 미드저니, 델이2 등과 같은 플랫폼이 나오면서 어도비에 대한 우려가 커졌다. 특히 주력 제품인 포토샵은 이제 망했다는 이야기도 나돌았다. 그러나 어도비는 파이어플라이(Firefly)라는 새로운 AI 도구로 활로를 찾았다. AI로 인한 위기를 AI로 극복한 것이다.

어도비는 2023년 3월 어도비 서밋(Adobe Summit)이라는 연례행사에서 파이어플라이를 대대적으로 공개했다. 파이어플라이는 기존 어도비 프로그램과 호환이 자유로운 AI 이미지 생성 플랫폼이다. 미드저니, 노벨 AI와 같이 프롬프트로 이미지를 만들어 낼 수 있고, 포토샵, 일러스트레이터, 익스프레스(Express) 등 어도비 프로그램의 기능을 자유롭게 사용해 이미지와 텍스트를 편집할 수 있다. 어도비 서밋에서는 여러 데모와 실제로 사용하는 예를 다양하게 소개하며 그 가능성을 선보였다. 이 행사에서 어도비가 AI 분야에 본격적으로 진출하겠다는 의지를 분명히 표현한 것이다.

파이어플라이의 출시 후 몇 개월 만에 어도비의 2023년 2분기 매출은 전년도에 비해 10% 증가하여 48억 2000만 달러를 기록했다. 이는 단순한 수치 이상으로 회사가 AI 분야에서 빠르게 성장하고 있음을 의미한다. 이러한 긍정적인 매출 성과는 어도비가 이제 AI 분야에서 중요한 플레이어로 인식되고 있다는 사실을 확인시켜 준다.

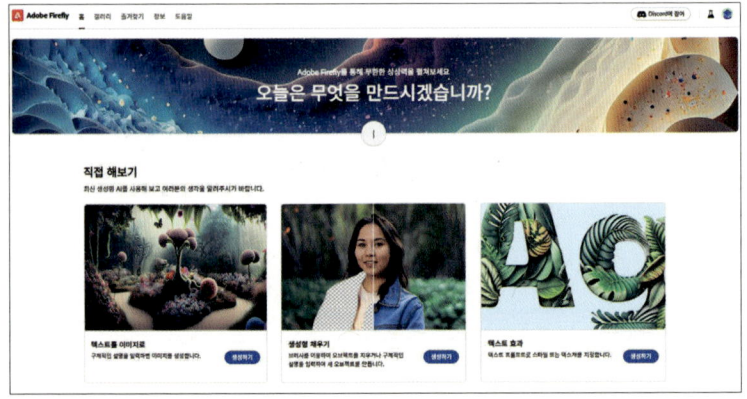

파이어플라이

이는 어도비가 AI 분야에서 가져올 미래의 가능성을 열어 놓은 것으로 해석된다. 앞으로 어도비는 단순한 디자인 소프트웨어 회사를 넘어, AI와 디자인이 결합한 새로운 영역에서 선도적인 역할을 할 준비가 된 것으로 보인다.

빠른 사용자 수용과 시장 반응

파이어플라이의 눈부신 성과는 출시 이후 단 3개월 만에 나타났다. 10억 개 이상의 콘텐츠를 생성한 것이다. 이 수치는 어도비가 처음에 예상했던 것보다 80배를 뛰어넘는 대단한 결과다. 그만큼 파이어플라이는 사용자들에게 빠르게 받아들여지고 시장에서도 긍정적인 반응을 얻고 있다.

파이어플라이가 긍정적인 시장 반응을 얻었다는 의미는 곧, 어도비가 AI 분야에서도 빠르게 입지를 확보하고 있음을 증명하는 것으로 보인다.

기능과 통합성

파이어플라이의 또 다른 특징은 어도비의 기존 제품군, 예를 들어 포토샵, 일러스트레이터, 그리고 익스프레스와의 완벽한 통합성이다. 사용자는 어도비의 여러 프로그램을 따로따로 사용할 필요 없이 하나의 인터페이스에서 하고자 하는 모든 작업을 마칠 수 있다. 포토샵을 켰다가 파이어플라이를 켰다가 하면서 왔다 갔다 작업할 필요가 없는 것이다. 이러한 통합성은 사용자들에게 아주 큰 편리함으로 다가온다. 그리고 다양한 어도비 제품의 기능을 파이어플라이에서도 자연스럽게 이용할 수 있다.

한 화면에서 어도비의 모든 프로그램을 확인할 수 있는 통합성

 이로 인해 어도비는 단순한 소프트웨어 제공자에서 통합 솔루션 제공자로의 역할 변화를 이루어 냈다. 그 결과로, 어도비는 더 넓은 범위의 고객 요구를 충족시키면서도 기존 고객의 브랜드 충성도도 높였다. 두 마리 토끼를 모두 손에 넣은 것이다. 이러한 통합성은 사용자의 범위를 넓혀 주어 어도비가 미래에도 지속적으로 성장할 수 있는 기반과 다양한 분야로 확장될 수 있는 가능성도 열어 놓았다.

2) 골칫덩이였던 AI 저작권 문제 해결

AI와 저작권 사이의 갈등은 늘 끊이지 않는 이슈다. AI의 반대론자들이 항상 문제로 부각시키는 것도 저작권 이슈다. 기존 창작자의 노력을 아무런 대가 없이 AI에 학습시켰기 때문에 저작권 소송도 벌어지고 있다. 이것을 본 사람들은 아직 AI가 시기상조라고 생각하기도 한다. 그러나 어도비는 이런 저작권 문제를 완전히 해결했다. 과연 어떻게 해결할 수 있었을까? 바로 저작권 없는 이미지만 학습시킨 것이다.

어도비는 파이어플라이가 법적으로 안전한 콘텐츠를 생성하는 것을 보장하기 위해 여러 단계의 검증 과정을 거쳤다. 이 도구는 어도비 스톡(Adobe Stock), 디자이너의 포트폴리오를 공유하는 비핸스(Behance) 등에서 사용자의 허락을 받은 이미지만을 이용하여 AI에 학습시켰다. 따라서 파이어플라이를 통해 생성된 이미지는 저작권 문제가 없다.

거기에 파이어플라이 엔터프라이즈를 구독해 사용하는 기업 고객에 대해서는 만일 저작권 침해로 소송을 당하면 어도비가 손해 배상금을 지불하고 모든 법적 비용을 부담하겠다고 밝혔다. 즉, 어도비가 파이어플라이로 만든 콘텐츠의 상업적 활용 안전성에 대해 보증을 서 주겠다는 것이다.

이러한 부분 덕분에 파이어플라이는 단순히 효율적인 콘텐츠를 생성하는 도구의 역할을 넘어서, 법적으로도 안전하며 신뢰할 수 있는 창의적 솔루션을 제공한다. 이는 어도비가 AI 분야에서 중요한 플레이어로 자리매김하는 데 큰 역할을 하고 있는 것이다.

파이어플라이는 안전하고 신뢰할 수 있는 콘텐츠 생산을 보장하는 동시에, 창의적인 가능성도 무한하게 키워 주고 있다. 이로 인해 디자이너, 마케터, 콘텐츠 크리에이터 등 다양한 전문가들이 이 도구를 활용하여 새로운 창작 작업에 도전하고 있다.

결국, 파이어플라이는 디자인과 이미지 생성 분야에서의 혁신을 주도하고 있는 것이다. 다음은 어도비가 운영하는 이미지 거래 사이트인 어도비 스톡의 사용법에 대해 본격적으로 알아보도록 하겠다.

3) 계정 생성하기

① 어도비 스톡 홈페이지(stock.adobe.com/kr)에 접속하여 오른쪽 위의 [판매] 버튼을 클릭한다. 이 버튼을 누르면 기고자 계정 페이지로 이동한다.

② 어도비에 계정이 없다면 ❶ [지금 가입] 버튼을 클릭한다. 이미 어도비 계정이 있다면 ❷ [내 Adobe ID 연결]을 클릭하여 아이디를 연동한다. 계정 없이는 사진을 판매할 수 없다.

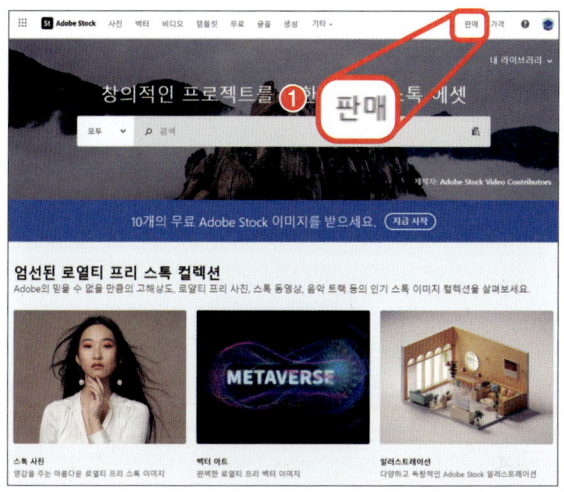

어도비 스톡 메인 화면

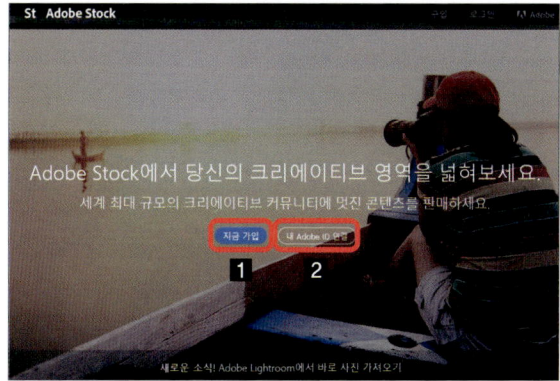

기고자 계정 페이지

③ [지금 가입] 버튼을 클릭한 뒤 나오는 페이지에서 **1** 구글 계정이 있다면 구글 아이콘을 클릭하여 가입한다. 다음 **2** 나오는 페이지에서 이름, 생년월일을 입력하고 필수 항목에 체크한다. 이 계정은 어도비 스톡에서 기고자의 사진을 관리하는 중심 역할을 한다.

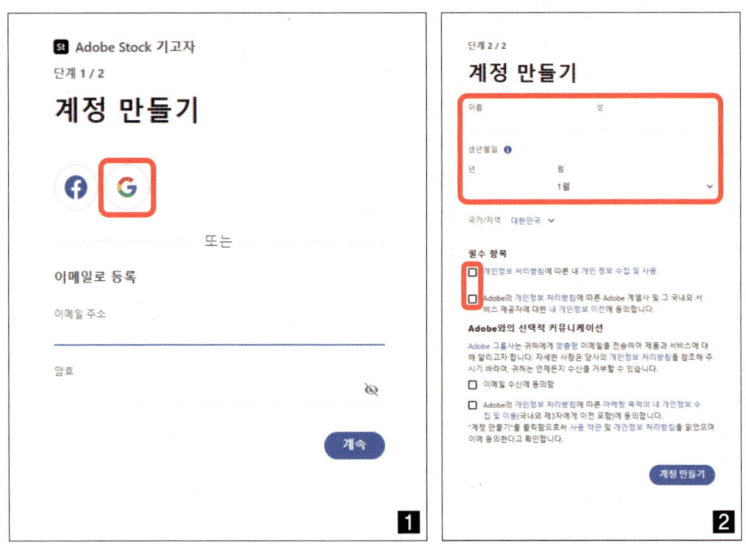

[1] 구글 계정 입력 [2] 개인 정보 입력

4) 이미지 업로드

① 계정이 생성된 후, 기고자 화면에서 [업로드]를 선택한다. 이곳에서는 두 가지 업로드 방법이 있다.

1 드래그앤드롭(Drag&Drop): 파일을 파란색 동그라미 위에 끌어와 놓는다.

2 탐색기 사용: 파란색 동그라미 안에 있는 [찾아보기]를 클릭하면 탐색기가 뜨고, 원하는 파일을 선택할 수 있다.

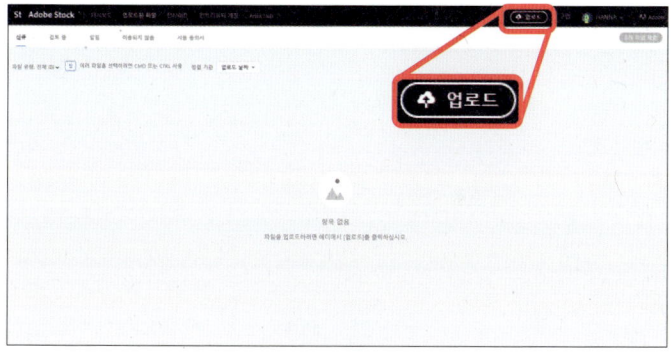

로그인 후 화면

파일 업로드 화면

구분	업로드 기준
투명 PNG 파일	배경을 포함하지 않아야 하며 투명해야 함 PNG 포맷만 가능 최소 이미지 해상도는 4MP 최대 이미지 해상도는 100MP 최대 파일 크기는 45MB
이미지 (JPEG 파일)	JPEG 포맷만 가능 최소 이미지 해상도는 4MP 최대 이미지 해상도는 100MP 최대 파일 크기는 45MB
벡터 (AI, EPS, SVG)	최소 아트보드 해상도는 4MP 최대 아트보드 해상도는 25MP AI, EPS, SVG 포맷만 가능 최대 파일 크기는 45MB
비디오 (SFTP 업로드 전용)	비디오는 SFTP를 통해서만 업로드 가능 최소 비디오 해상도는 1,280x720이지만 Full HD나 4K를 권장 파일 포맷은 MOV, MP4, MPG, AVI 중 하나여야 함 코덱은 h264, ProRes, PNG를 선호 비디오 길이는 최소 5초, 최대 60초여야 함 최대 파일 크기는 3,900MB (3.9GB)

② AI를 통해서 미리 사진을 제작한다. 본 책에서는 1권을 참고하여 미드저니로 만든 인테리어 이미지를 컴퓨터에 저장했다.

미드저니로 생성한 인테리어 이미지

③ 73p를 참고해 파일을 업로드하면 브라우저에 선택한 이미지 파일이 보인다. 오른쪽 상단의 [모두 선택]을 클릭하여 모든 이미지를 선택한다.

④ 오른쪽에 선택된 이미지가 보인다. AI를 통해 만든 이미지는 반드시 AI를 이용하여 만들었다는 표시를 해 줘야 한다. 오른쪽 중간쯤에 있는 [생성형 AI 도구를 사용하여 생성함]을 체크한다. 그다음 하단에 나오는 [인물 및 장소는 가상입니다]에 체크한다.

⑤ 오른쪽 하단에 제목과 키워드를 입력하는 칸이 보인다. 이미지와 관련된 제목과 키워드를 입력한다. 상단의 [모두 선택]을 클릭하고 키워드를 입력하면 '아래의 변경 내용은 선택한 (이미지 수)개의 파일에 영향을 줍니다'라는 메시지가 뜨면서 모든 이미지에 키워드가 적용된다.

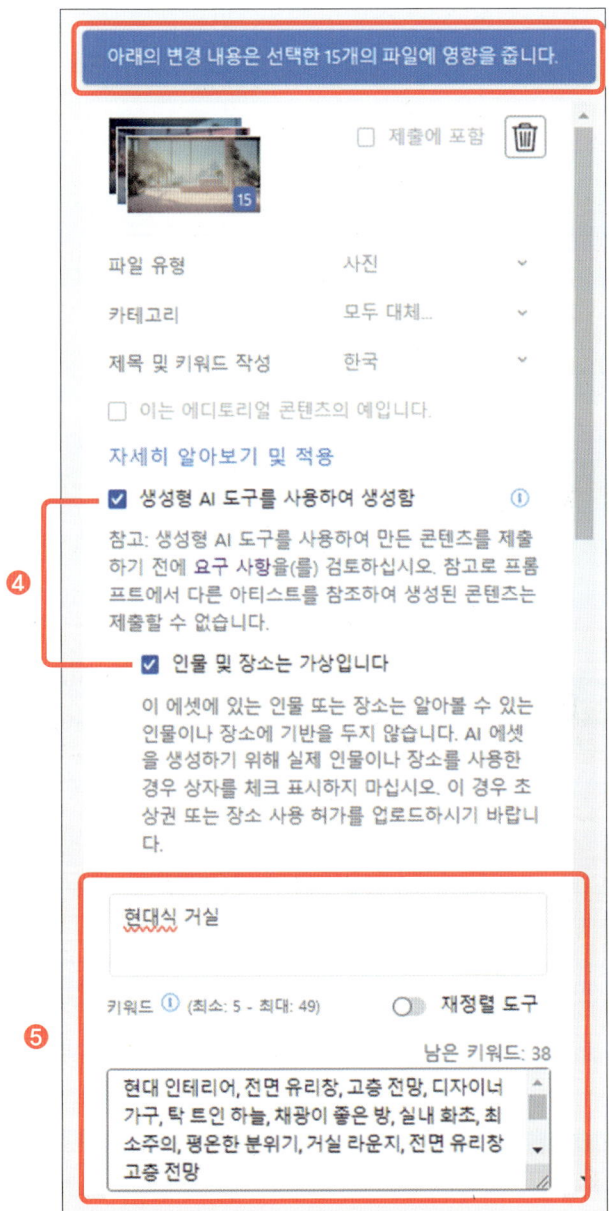

⑥ 모든 이미지에 대한 설정이 끝났으면 왼쪽 하단의 [작업 저장]을 클릭한다.

⑦ 완료되면 오른쪽 상단의 [(이미지 수)개 작업 제출]을 클릭한다.

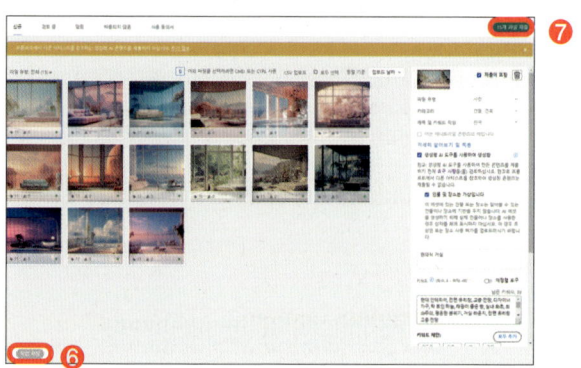

⑧ 최종 이용약관 화면이 나오면 [계속]을 클릭한다.

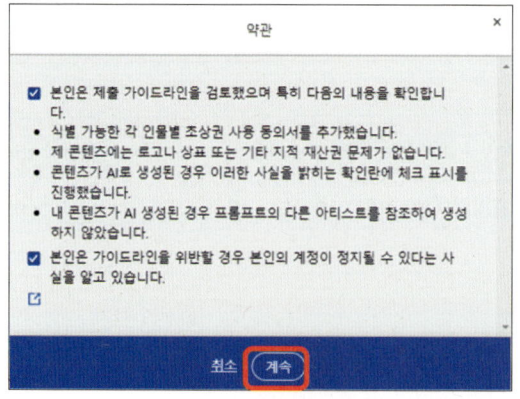

이용 약관에 동의

⑨ 모든 이미지에 대한 선택 화면이 나오면 하단의 [제출]을 클릭하여 제출한다.

사진 제출

⑩ 상단의 [검토 중]을 클릭하면 어도비에서 검토 중인 이미지 목록이 나온다.

어도비에서 검토 중인 이미지

5) 콘텐츠 승인 비법

어도비 스톡에 콘텐츠를 제출하더라도 모든 이미지가 승인되는 것은 아니다. 어도비 스톡에서 콘텐츠가 거부되는 주된 이유와 그 해결 방법을 살펴보자.

① 약관을 정확히 이해하고 준수하자

생성형 AI 도구를 사용한 경우, 해당 확인란을 반드시 체크해야 한다. 또한 실제 아티스트 이름, 특정 장소 등의 이름을 제목이나 키워드에 사용하지 않아야 한다. 만약 문제가 있어 승인이 나지 않을 경우, 해당 문제를 해결하고 다시 제출하면 된다.

② 이미지가 상업적 가치를 가져야 한다

이미지의 주제나 구성이 상업적 가치가 있어야 한다. 예를 들어, 그릴에 녹이 슬어 있다면 그 이미지는 상업적 가치가 없다. 흔한 주제(꽃, 애완동물 등)의 이미지를 제출할 경우, 그것이 독특한 이미지여야 한다.

③ 지식 재산권을 침해하지 않아야 한다

상업적 제품, 상표, 로고 등은 이미지에서 알아볼 수 있으면 안 된다. 또한 재산권 사용 동의서가 필요한 경우, 그것을 반드시 첨부해야 한다.

어도비 스톡에서 승인을 받기 위해서는 약관 준수, 상업적 및 호소력, 지식 재산권 문제, 그리고 품질 및 기술적 문제를 세심하게 고려해야 한다. 만약 승인이 거부됐다면 이러한 요소를 철저히 검토하고 개선한 후 다시 제출하는 것이 중요하다. 그 이유를 정확히 알고, 그에 따라 콘텐츠를 수정하면 승인 확률이 크게 높아질 것이다.

6) 수익금 지급받기

어도비 스톡에서 이미지를 판매하여 수익을 창출했다면, 다음은 정산이다. 어도비 스톡에서 수익금을 지급받는 과정과 조건에 대해 구체적으로 살펴보자.

① 지급 요건

(1) 로열티 누적 수입이 25달러 이상일 경우 지급을 요청할 수 있다.

(2) 계정에 유효한 세금 양식 파일이 존재해야 한다. 이에 따른 세금 양식은 메인 화면에서 [판매 - 컨트리뷰터 계정 - 세금 정보 - 세금 정보 추가]에서 제출할 수 있다. 우리나라는 미국과 조세조약(두 나라에 이중으로 세금을 내지 않게 맺는 조약)이 체결되어 있으므로 이 부분을 세금 양식에 제출하면 미국에서 발생한 금액의 10%만

세금으로 내고, 그 외 수익에는 세금을 내지 않는다.

(3) 첫 판매 후 최소 45일이 경과해야 한다.

(4) 유효한 페이팔(PayPal), 페이오니아(Payoneer), 또는 스크릴(Skrill) 계정 중 하나가 필요하다. 대중적인 페이팔을 추천한다. 페이팔 가입 방법은 136p에 자세하게 설명되어 있다.

② **지급 과정**

(1) [인사이트 - 내 통계] 탭에서 판매 내역을 확인할 수 있다.

(2) 최소 25달러의 수익이 있으면 [지급] 버튼이 활성화된다.

수익금 확인   25달러 이상이 되면 활성화

(3) 지급 버튼을 클릭하면 지급 정보를 입력하는 창이 뜬다. 가장 먼저 미국 조세조약이 적용되는 국가에 거주하는지 묻는다. 우리나라는 미국 조세조약이 적용되는 국가이므로 예를 클릭한다.

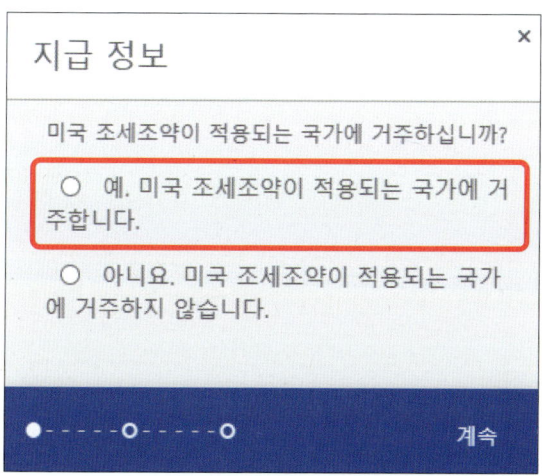

미국 조세조약 적용 국가 확인

(4) 지급 방법을 선택한다. 페이팔을 선택하고 지급 계정과 연결된 이메일 주소를 입력한다.

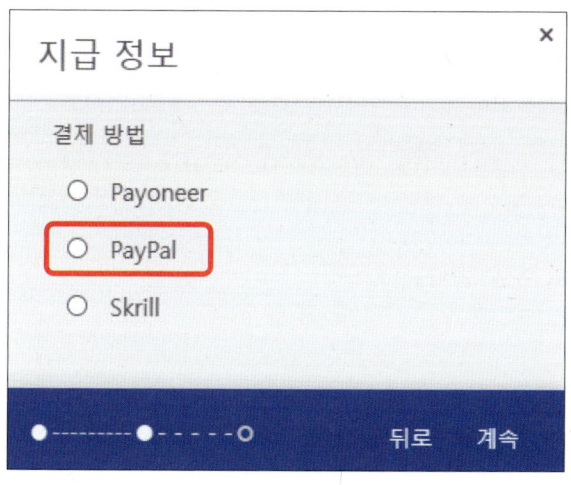

결제 방법 선택

(5) 입력한 정보를 확인한 후 [확인]을 클릭한다. 지급은 영업일 기준 7~10일 이내에 완료된다.

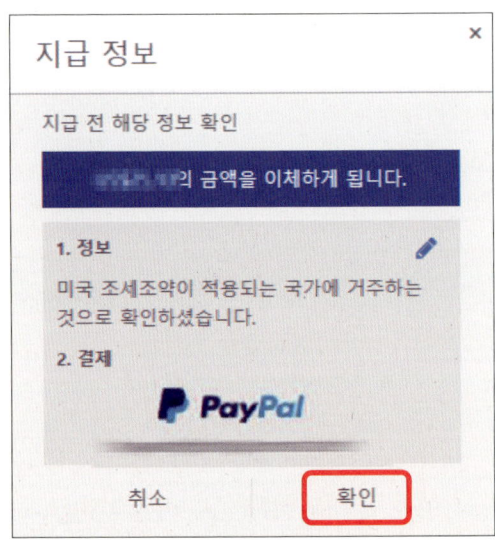

지급 정보 확인

04

NFT 공략

NFT? 알고 보니 돈이 된다

디지털 이미지를 만들어서 돈을 벌 수 있는 세상이 왔다. 세계에서 가장 유명한 디지털 아티스트 비플(Beeple)은 NFT로 자신의 작품을 올렸다. 그의 〈Everydays〉라는 작품은 크리스티즈(Christie's)에서 6930만 달러(한화 약 910억 원)에 낙찰됐다. 디지털 예술 작품으로 예술계에 NFT 열풍이 불고 있다.

비플의 디지털 아트 〈Everydays〉, 6930만 달러(약 910억 원)

비플 같은 예술가가 아니더라도 얼마든지 디지털 작품을 판매할 수 있다. 캐나다에 사는 앨러나 에징턴은 빚에 허덕이다 NFT 시장에 발을 들였다. 처음에는 자신의 작품이 500달러에 팔리기만 해도 좋겠다고 생각했지만, 그녀의 작품이 온라인에 올라가자 16개의 이미지가 무려 10만 달러(약 1억 3000만 원)에 팔렸다. 이를 통해 앨러나의 삶은 완전히 달라졌다. 더 큰 집으로 이사도 하고 아이들 치료에도 돈을 사용할 수 있게 되었다. 앨러나는 "사람들이 진짜로 내 작품을 사 준다는 게 꿈만 같다."고 말했다.

앨러나의 작품 〈ETHical〉, 약 1만 7000달러(약 2200만 원)에 팔렸다

NFT란 무엇인가?

NFT(Non-Fungible Token)란 '대체 불가능한 토큰'이라는 뜻이다. 디지털 이미지, 컴퓨터 게임 속 아이템, 도메인 이름 등 여러

가지 형태의 디지털 소유물을 인정해 주는 증명서 같은 역할을 한다. 모든 NFT는 자기만의 고유한 특징을 가지고 있기 때문에 완전히 똑같은 두 개의 NFT는 존재할 수 없다.

NFT는 어떻게 돌아가나?

NFT는 디지털 인증서처럼 어떤 작품이 누구의 소유인지 확인시켜 준다. 하나의 작품에 새겨져 있는 NFT는 작품의 소유권 정보를 가지고 있다. 이 NFT는 비트코인 같은 가상 화폐에 쓰이는 특별한 기술로 만들어져 있으며, 누가 작품을 만들었고 언제, 어떤 사람한테 팔렸는지에 대한 정보를 가지고 있다.

온라인에서 누구든 작품을 볼 수 있지만, NFT를 사야 그 작품의 소유권을 가지게 된다. NFT를 다른 사람에게 팔아도 된다. 작품을 만든 사람은 그 작품과 관련된 지식재산권을 계속 갖고 있다가 NFT가 다시 팔릴 때마다 수익을 얻을 수도 있다.

NFT는 누가 사는 것인가?

NFT를 구매하는 사람들은 주로 예술 애호가, 컬렉터, 투자자 및 기술에 관심 있는 사람들이다. 이들은 NFT로 디지털 아트, 게임 아이템, 메타버스(가상 세계) 속 부동산 등의 독특한 온라인 자산을 소장하려고 한다. 또한, 몇몇 구매자들은 NFT가 미래에 가치가 상승할 것이라 예상하여 투자 목적으로 구입하기도 한다. 예술가를 직접 지원하는 것에 관심이 있는 구매자들이 많아지면서, 기존의 예술 시장과 비교했을 때 작가들이 재정적으로 독립하고 작품에 대한 권리를 보장해 준다는 긍정적인 평가도 받고 있는 추세다.

1. NFT를 통한 수익화 1: NFT를 사고파는 곳

NFT 시장은 빠르게 변화하고 발전하고 있다. 다음은 가장 유명하고 방문자가 높은 NFT 사이트 위주로 소개하겠다.

1) 오픈씨(OpenSea)

오픈씨(OpenSea, https://opensea.io)는 월 거래액 1조 원을 넘는 세계 최대의 NFT 마켓플레이스다. 이곳에서는 디지털 아트, 음악, 도메인 이름, 가상 부동산, 게임 아이템 등 다양한 NFT를 거래할 수 있다. 이 플랫폼의 성공 비결은 사용자들에게 개방적이고 자유로운 환경을 제공한다는 점이다.

① 다양한 NFT 취급

오픈씨는 광범위한 NFT 카테고리를 다루며, 사용자들이 원하는 거의 모든 NFT를 찾을 수 있다.

② 개방적 환경

누구나 작품을 손쉽게 등록(민팅)하고 판매할 수 있다. 오픈씨에서는 작품 업로드와 거래 과정이 간편하게 구성되어 있어 사용자들의 참여가 수월하다.

③ 수수료 구조

오픈씨의 가장 큰 장점은 작품의 등록 비용이 없고, 판매 수수료가 2.5%로 비교적 저렴한 것이다. 이를 통해 사용자들이 더 경제적으로 작품을 거래할 수 있다.

④ 다양한 경매 방식 설정

오픈씨에서 작품을 판매할 때 낮은 가격에서 시작하여 점차 높아지는 잉글랜드 옥션 방식이나, 높은 가격에서 시작해 점점 낮아지는 더치 옥션 방식 등을 설정할 수 있다.

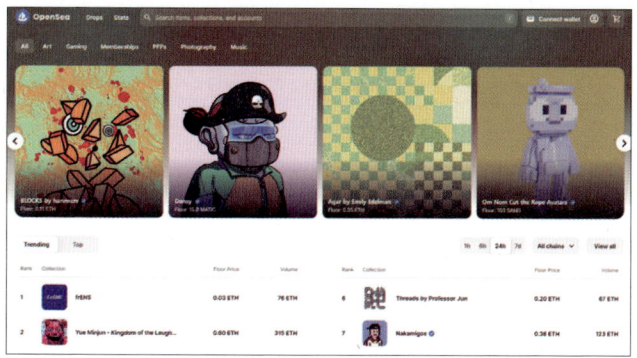

오픈씨 메인 화면

NFT로 대표되는 디지털 자산 시장에서 오픈씨는 다양한 범위의 작품을 거래할 수 있는 최적의 플랫폼으로 알려져 있다. 사용자 친화적인 환경과 저렴한 수수료를 바탕으로 많은 아티스트와 컬렉터들이 오픈씨를 선호하고 있다. 오픈씨는 웹과 모바일 환경에서 접속이 가능하며, 메타마스크(Metamask)와 같은 지갑 서비스를 통해 손쉽게 거래를 시작할 수 있다. 메타마스크에 대해서는 96p를 참고하면 된다.

2) 라리블(Rarible)

라리블(Rarible, https://rarible.com)은 다양한 종류의 NFT를 취급하는 온라인 플랫폼으로, 사용자 친화적인 환경을 제공한다. 오픈씨와 많은 부분이 유사하지만, 라리블의 특징으로는 소셜 미디어 요소의 도입을 들 수 있다.

① 소셜 미디어 요소

관심 있는 NFT 크리에이터를 팔로우하여 새로운 NFT가 출시될 때 알람을 받을 수 있어 편리하며, 이를 통해 사용자들이 소통하고 정보를 공유할 수 있다.

② 라리(Rari) 토큰

이더리움이라는 기술을 사용하여 만든 라리 토큰은 NFT 분야에서는 처음으로 나왔다. 여러 사람이 공동으로 관리할 수 있는 토큰으로, 라리블에서 활발하게 활동하는 사용자들에게 '보상'처럼 주어진다.

③ 수수료 구조

라리블은 판매 수수료를 구매자와 판매자에게 각각 2.5%씩 부과하여, 경제적인 거래 환경을 제공한다.

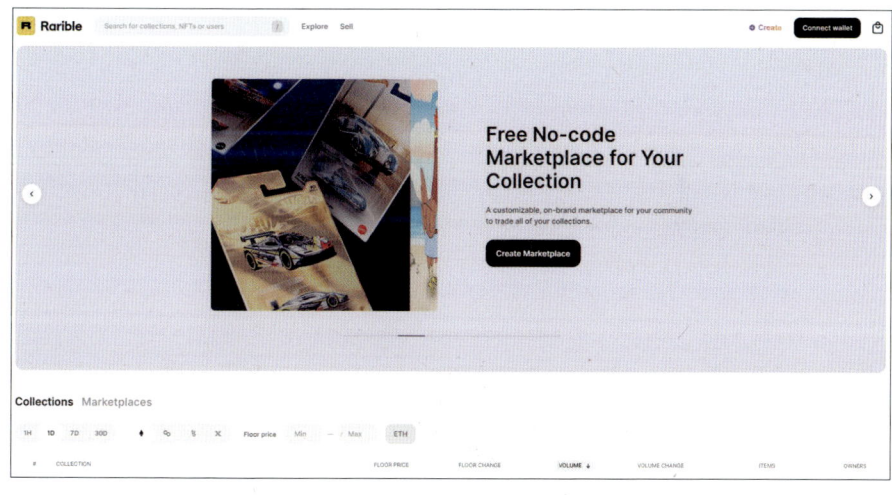

라리블 메인 화면

3) 슈퍼레어(SuperRare)

슈퍼레어(SuperRare, https://superrare.com)는 2018년 4월에 개설된 NFT 마켓플레이스다. 특징으로는 오직 싱글 에디션 NFT만을 취급하는 플랫폼이다. 싱글 에디션 NFT이란 한 종류의 작품만 존재하는 유일무이한 NFT를 의미한다. 다시 말해, 그 작품의 복제본이나 다른 버전이 없어서 그 작품은 오직 한 사람만이 소유할 수 있는 구조다. 이는 '질'을 중시하는 전략으로, 컬렉터들이 믿고 구매할 수 있는 작품들로 구성되어 있다.

① 엄격한 자체 심사

슈퍼레어는 작품이 자체 심사를 통과해야만 거래되므로, 아티스트 입장에서는 실력에 자신이 있는 경우 슈퍼레어를 선호하는 경향이 있다.

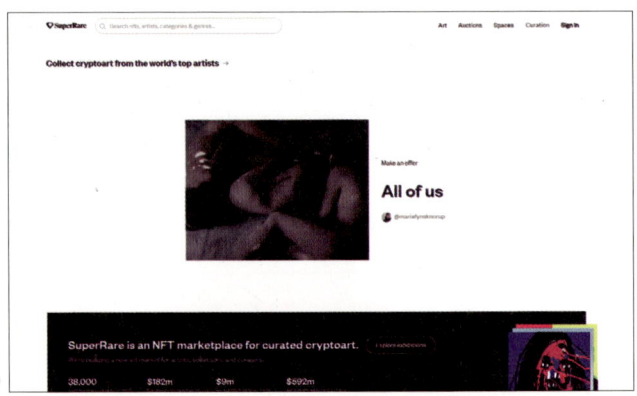

슈퍼레어 화면

② 수수료 및 로열티

처음 작품을 판매할 때는 15%의 비싼 수수료를 내야 하지만, 2차 판매 시 10%의 로열티를 받을 수 있다. 여기서 2차 판매란, 처음에 제품이 판매된 이후에, 다른 사람에게 다시 판매되는 경우를 말한다. 작품을 판매하고 나면 끝나는 것이 아니라, 그 이후에 다른 사람에게 판매될 때마다 추가로 로열티를 받는 것이다.

③ 특징(Features) 섹션

슈퍼레어는 주목할 만한 아티스트와 판매율이 높은 아티스트 리스트를 정리하여 소개하는 특징(Features)이라는 섹션을 운영한다. 이를 통해 대략적인 NFT 트렌드를 파악하고 재미있는 작품을 찾아볼 수 있다.

4) 니프티게이트웨이(Nifty Gateway)

니프티게이트웨이(Nifty Gateway, https://niftygateway.com)는 윙클보스 형제(페이스북 관련 논란으로 유명한 하버드 출신의 일란성 쌍둥이 형제 기업가)가 2019년 인수한 NFT 마켓플레이스다. 까다로운 자체 심사를 통과한 작품만 등록할 수 있는 것이 특징이다. 그 결과, 많은 유명 인사들이 이곳에서 작품을 선보이며 판매했다. 앞서 사례로 나왔던 〈Everydays〉라는 작품을 6930만 달러에 팔 아치운 비플(Beeple), 사업가 패리스 힐튼(Paris Hilton), 음악 프로듀서 데드마우스(Deadmau5)와 같은 유명 인사들의 작품이 니프티게이트웨이에서 거래되고 있다.

① 엄격한 자체 심사

슈퍼레어와 비슷하게, 작품은 까다로운 자체 심사를 통과해야만 거래가 가능하다. 이로 인해 높은 품질의 작품만 거래되기 때문에 유명 인사들이 선호하는 플랫폼이다.

② 높은 판매 수수료

판매 수수료가 15%로 높은 편이지만, 품질이 뛰어난 작품과 유명 크리에이터들의 작품들로 인해 높은 인기를 끌고 있다.

③ 신용카드 결제 지원

니프티게이트웨이는 신용카드 결제를 지원하여, 새로운 기술에 익숙하지 않은 사용자들도 부담 없이 접근할 수 있다.

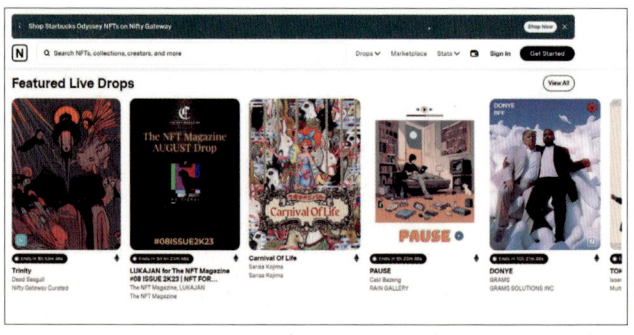

니프티게이트웨이 메인 화면

2. NFT를 통한 수익화 2: '오픈씨'에서 판매 따라 하기

1) 메타마스크 지갑 만들기

NFT 거래가 가능한 오픈씨(OpenSea)의 사용 방법에 대해 세부적으로 알아보겠다. 오픈씨는 탈중앙화된 거래소로, 일반적인 가입 절차 대신 개인 지갑을 사이트에 연결하여 사용한다. 즉, 별도의 회원 가입 과정이 없으며, 개인 지갑만 있으면 누구나 연결하여 이용할 수 있는 구조다.

지갑(wallet)이란?

지갑이란 암호화폐를 보관할 수 있는 도구로, 은행의 계좌와 같은 역할을 한다. 지갑은 다양한 형태(하드웨어, 소프트웨어, 데스크톱, 모바일 등)로 존재하며, 사용자에게 고유한 주소와 개인 키를 제공한다. 암호화폐는 비트코인, 이더리움 등 다양한 종류가 있는데 오픈씨에서는 이더리움 기반의 지갑을 사용해야 한다. 이를 위해 가장 일반적으로 사용되는 지갑 중 하나인 메타마스크를 이용할 것을 권장한다.

이더리움(Ethereum)이란?

이더리움은 블록체인 기술(거래 내역을 블록 형태로 저장하여 거래에 참여한 모두에게 공유하고 대조하는 방법으로 위조와 변조를 막는 신기술)을 기반으로 한 두 번째로 큰 암호화폐다. NFT와 같은 디지털 자산을 생성하고 거래하는 데 주로 사용된다.

메타마스크(MetaMask)란?

쉽게 설명해서 암호화폐를 보관할 수 있는 지갑의 한 종류다. 이더리움 기반의 암호화폐를 저장하고 사용할 수 있도록 해 주는 프로그램이다. 메타마스크는 우리가 인터넷을 사용할 때 흔히 사용하는 크롬(Chrome)이나 엣지(Edge) 또는 파이어폭스(Firefox) 등의 브라우저 확장 프로그램 형태로 제공되며,

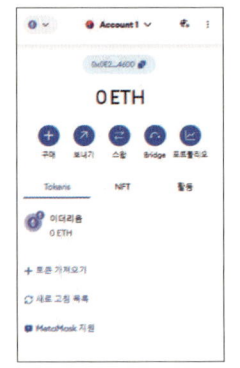

메타마스크 지갑

설치한 후에 사용자는 브라우저 창 상단에 위치한 아이콘을 클릭하여 지갑을 열 수 있다. 이더리움 기반의 서비스를 이용하려는 경우, 메타마스크를 설치하여 지갑을 관리하는 것이 편리하고 안전한 방법이다.

① 크롬 확장프로그램 추가

(1) 크롬 웹스토어(https://chrome.google.com/webstore)에서 'Metamask'를 검색한다.

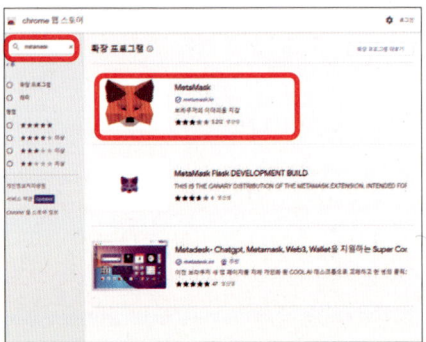

크롬 웹스토어에서 'Metamask'를 검색하면 나오는 화면

(2) Metamask를 선택하면 나오는 창에서 [Chrome에 추가] 버튼을 클릭한다. 그러면 ❷와 같은 창이 뜨는데 [확장 프로그램 추가] 버튼을 클릭한다.

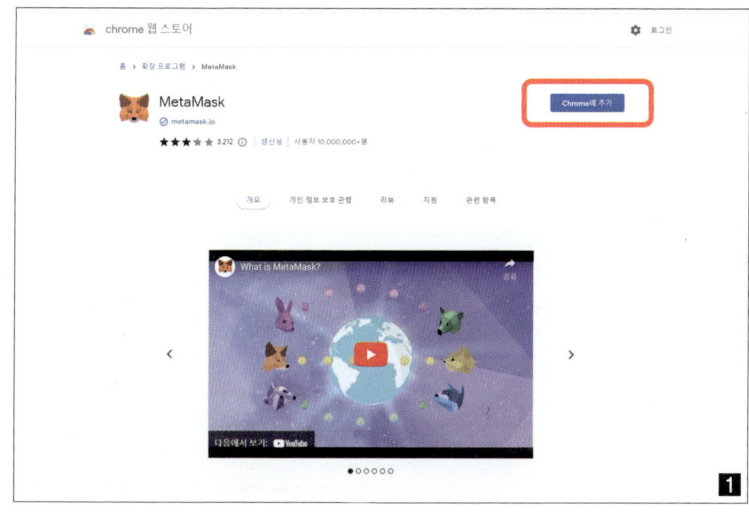

[1] 메타마스크 크롬에 추가 [2] 확장 프로그램 추가 확인 팝업 창

② 지갑 생성 방법

(1) 크롬에 프로그램을 추가하고 나면 프로그램이 자동으로 실행되면서 시작하기 창이 뜬다. 처음 지갑을 만들 때는 ❶ [새 지갑 생성]을 선택한다. 다른 컴퓨터에서 이미 지갑을 만든 적이 있다면 ❷ [기존 지갑 가져오기]를 사용하면 된다.

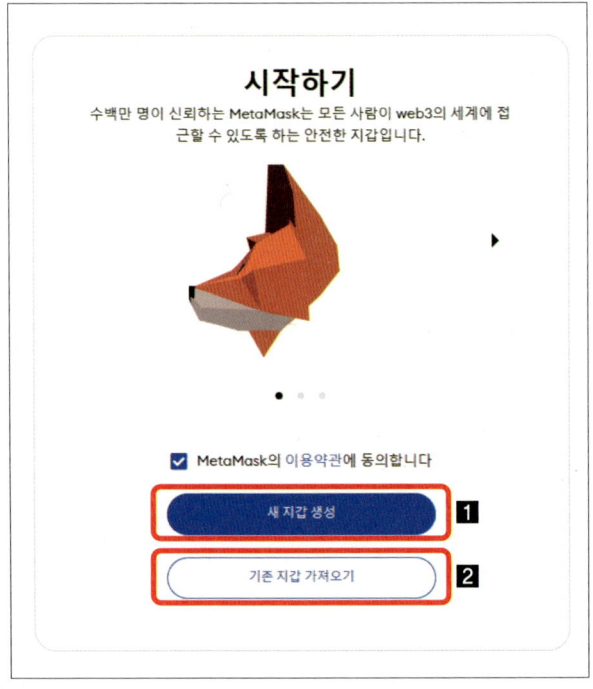

지갑을 생성할지 가져올지 선택

(2) 어느 것을 선택해도 메타마스크 개선 프로그램 참여 여부를 묻는 페이지가 나온다. 어떤 것을 선택해도 불이익은 없으니 자유롭게 선택하면 된다. 개선 프로그램에 참여하고 싶다면 ❶ [동의함]을, 참여하고 싶지 않다면 ❷ [괜찮습니다]를 클릭한다.

메타마스크 개선 프로그램 참여

(3) 비밀번호를 입력하고, 약관에 동의한 후 [새 지갑 생성] 버튼을 클릭한다.

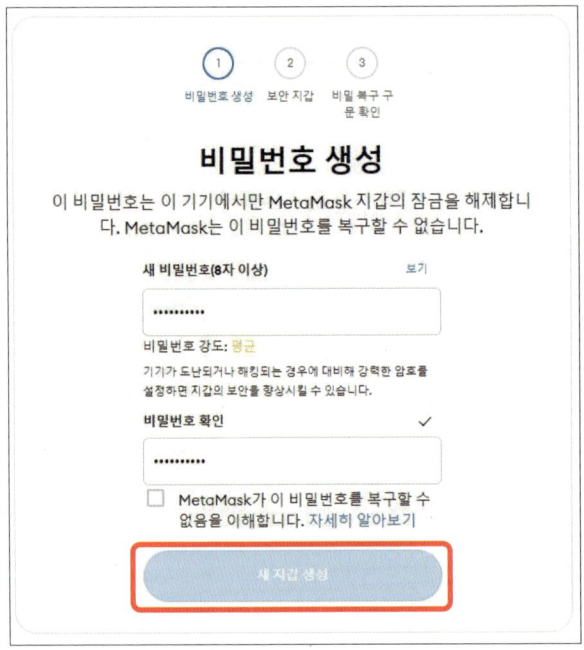

비밀번호 입력 및 새 지갑 생성

③ 비밀 복구 구문 작성

(1) 제공된 동영상을 간략히 확인한 후 [내 지갑 보호(권장)] 버튼을 클릭한다. 동영상의 주요 내용은 12자리 비밀 복구 구문을 잃어버리면 지갑 복구가 불가능하며, 모든 자산을 잃게 될 수 있다는 내용이다. 따라서 반드시 별도로 종이에 쓰거나 메모장에 적어서 안전하게 보관하는 것이 좋다.

지갑 보호 관련 동영상 시청

(2) 다음 화면에서 12자리 비밀(번호) 복구 구문을 확인 후 기록한다.

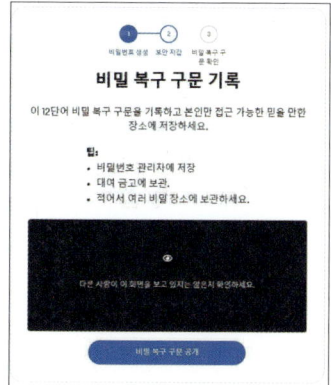 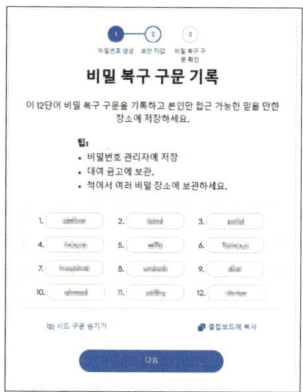

비밀 복구 구문 기록

(3) 다음 단계로 넘어가 비밀(번호) 복구 구문 12개 항목들 중 빈칸의 단어를 입력한다. 입력을 완료했으면 [확인] 버튼을 클릭한다.

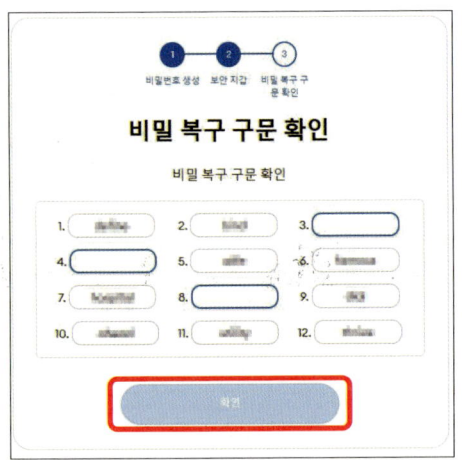

비밀 복구 구문 확인

(4) 다음 화면에서 메타마스크 지갑 생성이 이제 완료되었다는 메시지를 확인할 수 있다. [확인했습니다]를 클릭한다.

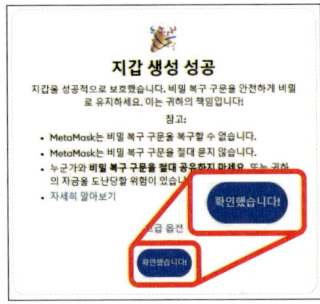 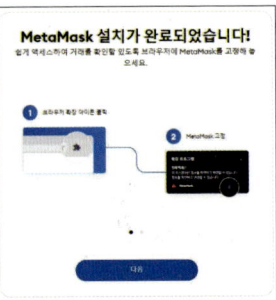

지갑 생성 완료

④ 메타마스크 실행

(1) 크롬 웹사이트 우측 상단의 망치 아이콘을 클릭한 후 MetaMask를 클릭한다.

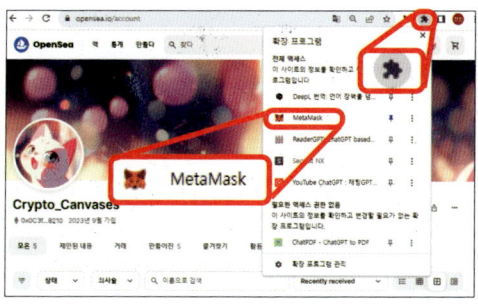

메타마스크 실행

(2) 메타마스크의 지갑 내용을 확인할 수 있다. 아직은 아무런 암호화폐가 입금되지 않아 0 ETH으로 표시된다.

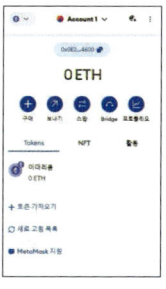

지갑 내용 확인

※주의사항: 지갑 생성 과정에서 만들어진 12자리의 비밀 복구 구문(Mnemonic phrase)을 타인이 알게 될 경우 유출 위험이 있으므로 안전하게 잘 관리해야 한다. 물론 USB 등에 백업하는 것도 추천한다.

2) '오픈씨' 연동하기

① 오픈씨 접속

(1) 오픈씨 웹사이트에 접속하면 다음과 같은 화면이 나온다.

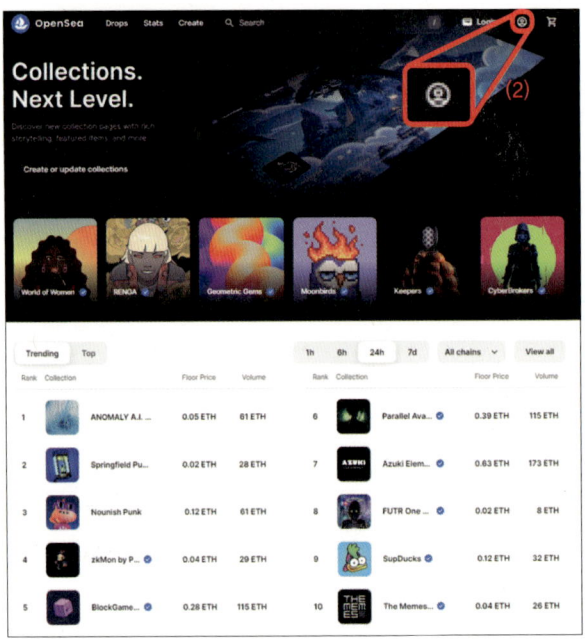

사용자 아이콘 클릭

(2) 오른쪽 상단의 사용자 아이콘을 클릭한다.

② 지갑 선택

(1) 기존에 보유하고 있는 지갑이 없는 경우 이더리움 기반 NFT 사용을 기준으로 하고 있으므로 메타마스크를 선택한다.

지갑 선택

(2) 개인 지갑 승인 요청 창이 나타나면 [다음] 버튼을 클릭한다.

개인 지갑 승인 요청 화면

(3) 메타마스크 신청 시 생성된 개인 지갑 주소로 연동창이 나오면 [연결] 버튼을 클릭한다.(개인 지갑의 종류에 따라 승인 요청 창의 디자인은 약간 다를 수 있다.)

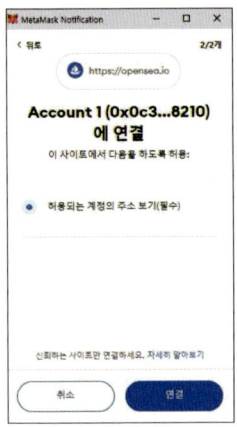

개인 지갑 연동

③ 약관 및 동의

(1) '서비스 약관' 및 '개인 정보 보호 정책' 동의 창이 나온다. [동의 및 서명] 버튼을 클릭한다.

약관 및 개인 정보 보호 정책 동의

(2) 서명 요청 창에서 [서명]을 클릭한다.

서명 요청

(3) 연동이 정상적으로 이루어지면 다음과 같이 오픈씨 내 프로필 페이지가 나온다.

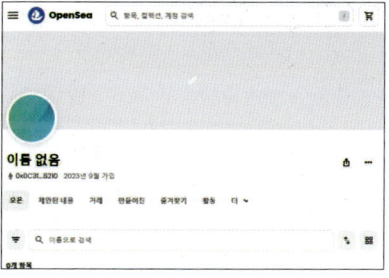

오픈씨 내 프로필 페이지

지금까지 이더리움 기반 지갑을 만들고, 오픈씨에 지갑을 연동하는 방법을 알아보았다. 이제 간단하게 지갑을 이용해 오픈씨에서 NFT 거래를 시작할 수 있다.

3) NFT 생성

오픈씨 스튜디오 도구를 활용하면 암호화폐 지갑에 속한 자신만의 NFT를 발행(mint)할 수 있다. 이 과정은 복잡한 코딩 기술이 필요 없으며, 시작하기 위해서는 수수료(블록체인의 종류인 gas, 113p 참고)가 필요하다.

① 스마트 계약 배포

(1) 오픈씨 웹사이트에서 프로필 아이콘 위로 마우스를 올리고 [Studio]를 선택한다.

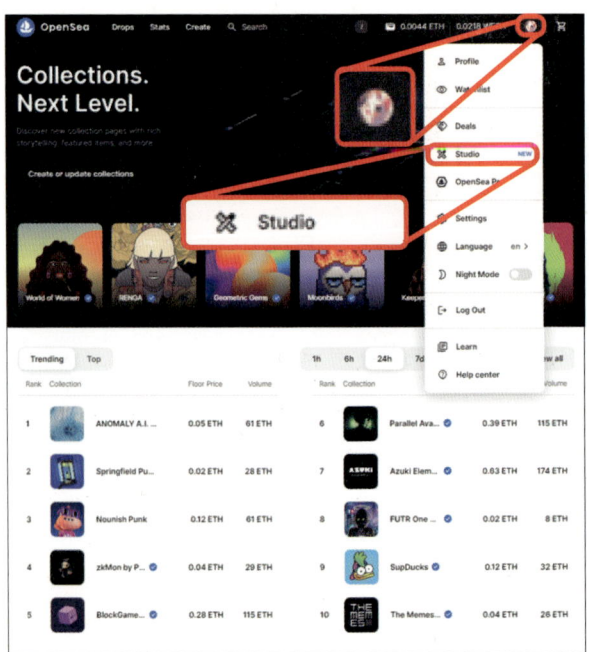

Studio 선택

(2) 기존에 만든 컬렉션이 있다면 오픈씨 스튜디오 시작 페이지에 표시된다. 새로운 NFT나 컬렉션을 만들기 위해 오른쪽 상단의 [생성] 버튼을 클릭한다.

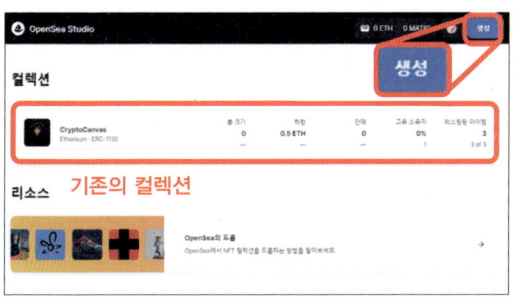

새로운 NFT나 컬렉션 생성

(3) [컬렉션 드롭] 또는 [NFT 생성] 옵션이 나타난다. 지갑에 직접 NFT를 만들고 싶다면 [NFT 생성]을 클릭한다.

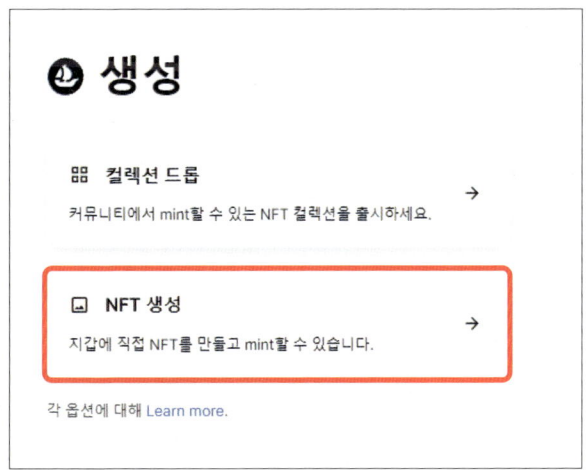

NFT 생성 선택

② 새 NFT 생성하기

(1) 처음으로 오픈씨 스튜디오 도구를 사용하여 NFT를 생성하는 경우, [새 컬렉션 생성] 버튼을 클릭한다.

NFT 생성 화면

(2) NFT를 위한 컬렉션을 만드는 화면이 나타난다. 로고 이미지와 계약 이름(내 컬렉션 이름)을 입력한다.

(3) 하단에 블록체인을 선택할 수 있는데 수수료를 어떤 형태

로 납부할지 선택하는 것이다. 이더리움과 폴리곤 또는 다른 블록체인 방식을 선택할 수 있다. 이더리움보다 저렴한 폴리곤을 선택한다.

(4) 모든 입력과 선택이 끝났으면 하단에 [다음] 버튼을 클릭한다.

블록체인 선택

(5) 메타마스크가 기본적으로 이더리움으로 설정되어 있어 폴리곤으로 전환하는 화면이 나온다. [네트워크 전환] 버튼을 클릭한다.

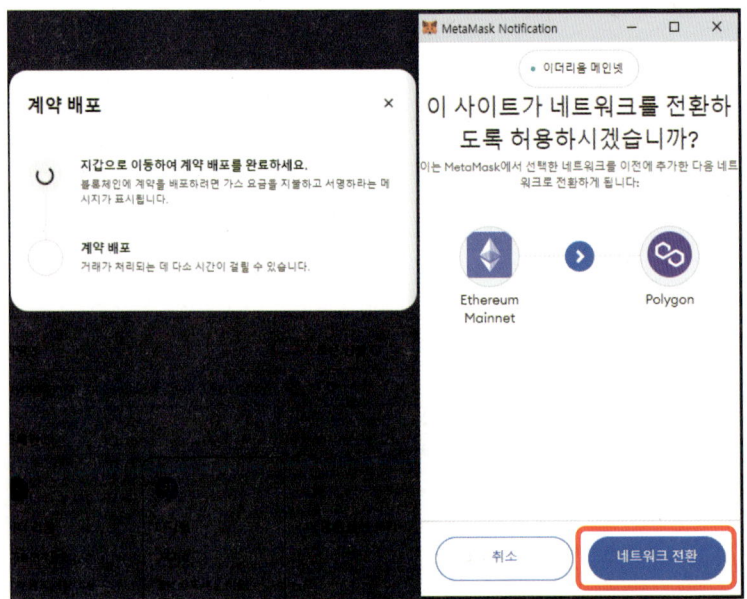

폴리곤으로 전환

③ 수수료 지불하기

(1) 수수료(블록체인 종류 중 하나인 가스(gas))를 지불하는 화면이 나온다. 사전에 해당 메타마스크 지갑에 이더리움을 소량(최소 0.2 이더리움)은 입금해 놔야 한다.* 내용 확인 후 하단의 [컨펌] 버튼을 클릭한다.

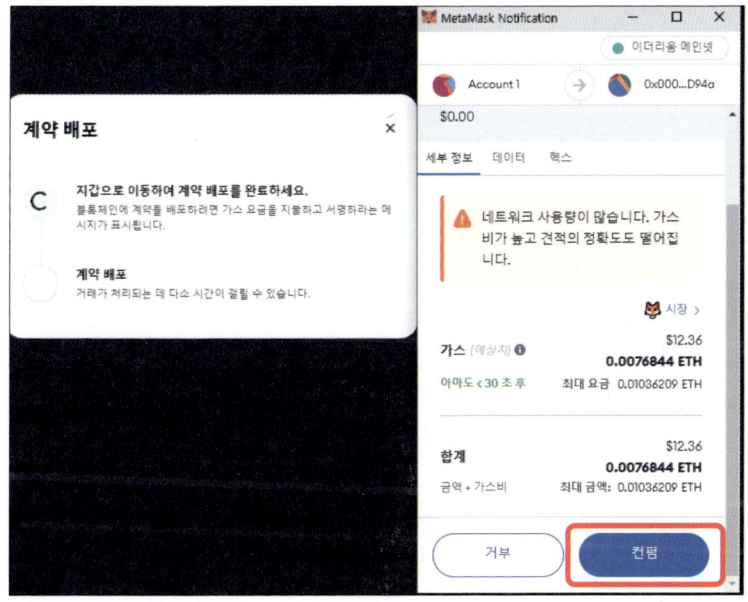

수수료 지불

* 메타마스크 지갑에 이더리움을 소량 입금하는 것은 기존에 업비트 등의 암호화폐 거래소를 이용해 본 사람이라면 아주 쉽다. 그러나 암호화폐 거래 경험이 없는 사람에게는 조금 어려울 수 있다. 암호화폐 거래는 이 책에서 다루는 내용과는 조금 다르므로 이렇게 줄인다. 암호화폐 거래뿐 아니라, AI디자인에 관련하여 좀 더 자세한 내용이 필요하다면 저자에게 강의 신청도 가능하다. (기업 및 개인 강연 문의: 인스타그램 @readsome2023 DM 문의)

(2) 최종적으로 컬렉션이 생성되었다는 메시지를 확인할 수 있다.

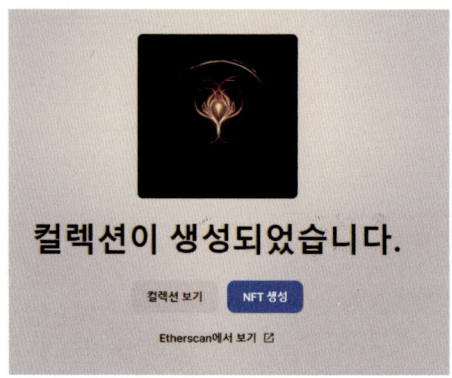

컬렉션 생성 완료

4) NFT 이미지 등록

① **본격적으로 NFT 생성하기**

(1) 컬렉션을 만들었으면 이제 본격적으로 NFT를 생성할 차례다. 위의 컬렉션 생성 메시지 창에서 [NFT 생성] 버튼을 누른다.

(2) 이미지 파일을 업로드하고, 방금 전 만들었던 컬렉션을 선택한다. 이름과 이미지에 대한 간단한 설명을 입력한다.

(3) 해당 이미지와 연관된 외부 링크가 있다면 입력하고 없다면 굳이 넣지 않아도 된다.

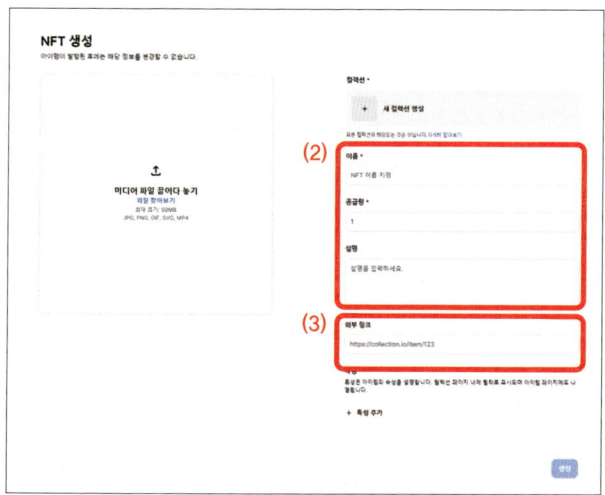

NFT 생성 화면

(4) 모든 설정이 끝나면 하단의 [생성] 버튼을 클릭한다.

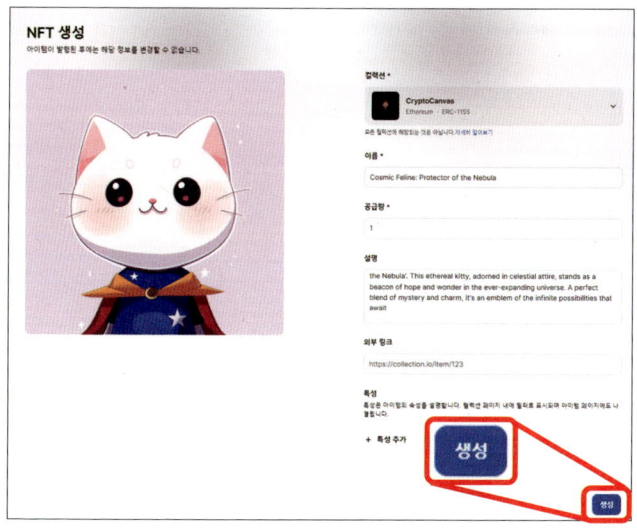

이미지 업로드 후 NFT 생성

② 수수료 지불 및 NFT 발행

(1) 해당 이미지 NFT 발행에 대한 일부 수수료를 지불한다.

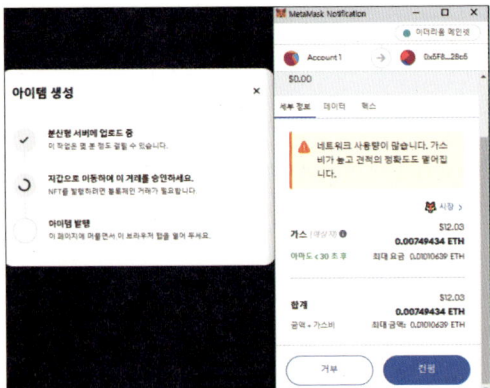

수수료 지불

(2) 이렇게 하면 자신만의 첫 번째 NFT가 발행되는 것이다!

발행 완료

5) NFT 비용 매기기

① 판매 시작하기

(1) 오른쪽 상단의 프로필 페이지로 들어가면 컬렉션을 확인할 수 있다. 방금 등록한 이미지를 선택한다.

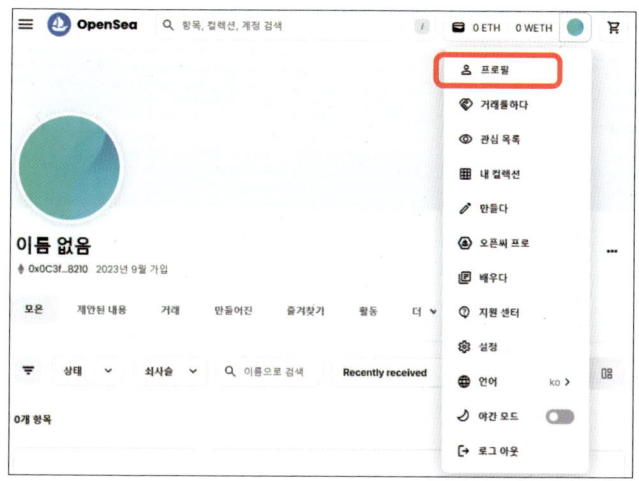

프로필 클릭

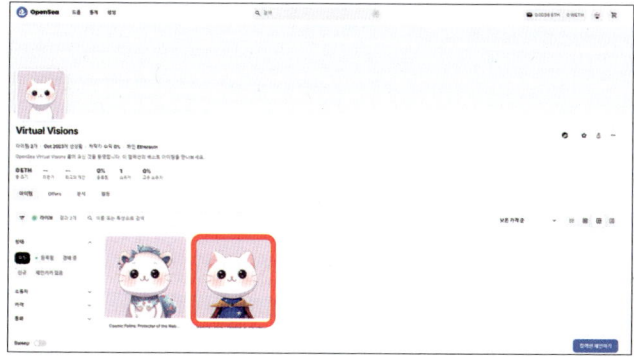

이미지 선택

PART 1 개인편 | AI디자인을 통한 수익 창출 방법   117

(2) 오른쪽 상단의 [판매를 위한 리스팅하기]를 클릭한다. 리스팅(listing)은 상품을 목록에 등록하여 판매할 수 있게 한다는 뜻이다.

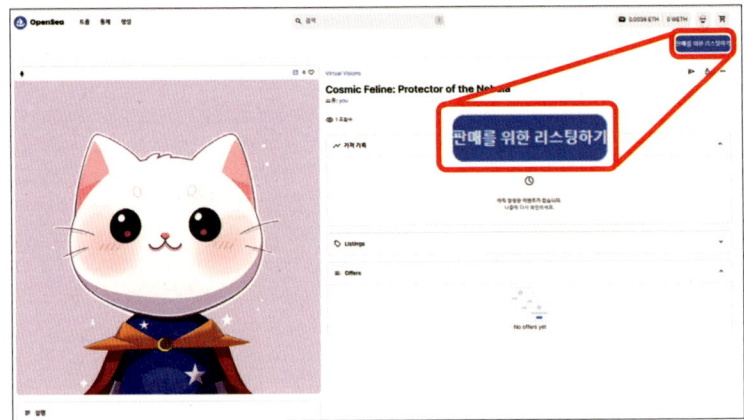

리스팅

② 가격 및 기간 설정

(1) [고정가], [최고 입찰자에게 판매하기]를 선택할 수 있는데, 우선 고정가로 시작해 보자. 가격 설정과 기간 등을 선택 후 하단에 [전체 리스팅]을 클릭한다.

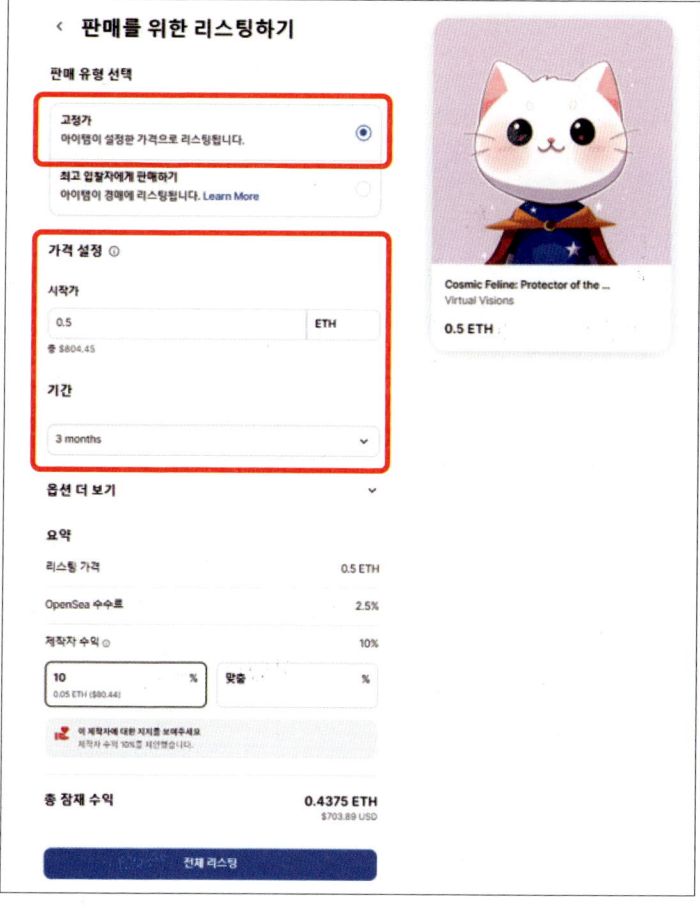

가격 및 기간 등 설정

(2) 리스팅을 승인한다는 의미로 [서명]을 클릭한다. 그러면 리스팅되었다는 결과를 볼 수 있다.

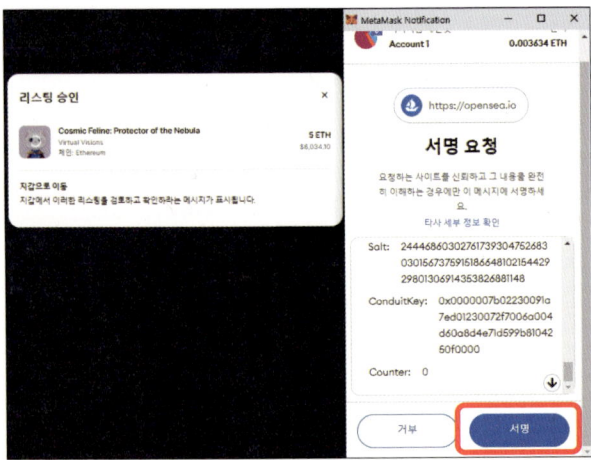

서명

리스팅 완료

(3) 117p의 프로필 페이지에서 이미지를 클릭해 상세 페이지에 들어가 보면 방금 가격을 매긴 비용이 판매 가격으로 입력되어 있는 것을 볼 수 있다.

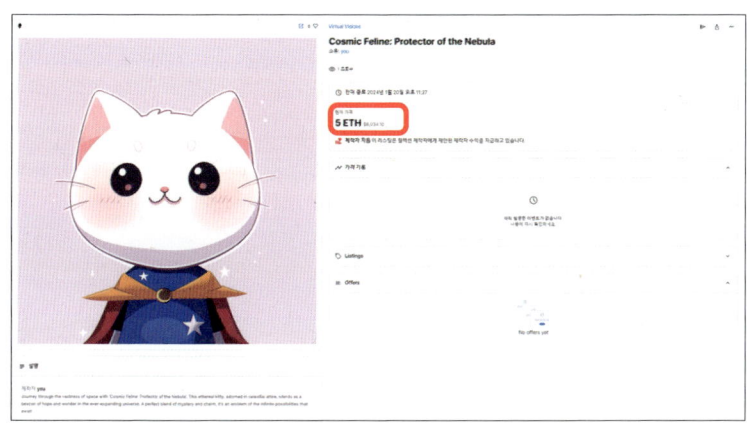

상세 페이지

　이로써, 판매 등록이 완료되었다! 내가 업로드한 NFT가 팔리면 판매가의 2.5%를 오픈씨에 수수료로 지불해야 한다. 이후에도 언제든지 작품 정보 페이지에서 수정, 판매 취소가 가능하다. 오픈씨에서 나의 작품을 NFT로 생성하고 등록하는 방법을 살펴보았다. 위와 같은 방법으로 새로운 시장인 NFT 시장에서도 수익을 창출해 보자!

05

이미지 + 제품 판매

주문형 인쇄 플랫폼은 고객이 원하는 디자인으로 제품을 주문하면 그에 따라 제작해 주는 온라인 플랫폼이다. POD(Print-On-Demand)라고도 한다. 주문형 인쇄 플랫폼의 주요 특징은 다음과 같다.

개별 주문에 따른 인쇄

주문형 인쇄 플랫폼은 고객이 온라인으로 주문을 할 때마다 다양한 제품에 원하는 인쇄를 넣어 제작이 가능하다. 예를 들어, 고객 A가 귀여운 강아지 그림이 그려진 머그컵을 주문하고, 고객 B가 글귀와 함께 독특한 패턴이 그려진 머그컵을 주문하면, 플랫폼은 각각의 머그컵을 따로 인쇄한다. 그렇기 때문에 사전에 대량으로 머그컵을 인쇄하거나, 인쇄된 머그컵들을 저장해 두는 재고 관리 과정이 필요 없다. 멋진 디자인만 있다면 재고 관리나 공간 확보에 대한 부담 없이 바로 제품을 판매할 수 있는 것이다.

다양한 제품 및 사용자 정의

주문형 인쇄 플랫폼은 고객이 원하는 디자인 또는 이미지를 포함한 다양한 제품을 제공한다. 예를 들어 옷, 포스터, 카드, 폰 케이스, 머그컵 등 그 종류는 어마어마하다. 사용자는 이러한 제품들을 취향대로 쉽게 구매할 수 있다. 고객은 색상이나 크기를 선택할 수 있으며, 디자인 역시 원하는 대로 수정할 수 있다.

낮은 초기 비용

앞서 말한 것처럼, 주문형 인쇄 플랫폼을 사용하면 고객에게 주문이 들어온 순간 플랫폼이 인쇄를 시작한다. 따라서 제품을 미리 대량으로 제작하지 않아도 된다. 그렇기 때문에 재고를 쌓아 둘 창고도 필요 없다. 이런 장점은 대량 구매와 공간 확보에 따른 초기 비용이 들지 않게 해 준다. 또한 재고 관리를 위한 추가 비용도 들지 않는다.

전 세계 배송

주문형 인쇄 플랫폼의 큰 장점 중 하나는 전 세계의 고객들에게 제품을 배송해 준다는 것이다. 북한, 이란, 러시아 등 국제적인 분쟁이 있거나 인쇄업체가 근처에 없는 몇몇 국가를 제외하고는 전 세계 어디든지 제품이 배송된다. 따라서 디자이너나 판매자는 국내 시장뿐 아니라 글로벌 시장에서도 제품을 판매할 수 있어 더 큰 수익을 기대할 수 있다.

생성형 AI를 통한 이미지 제작과 주문형 인쇄 플랫폼의 결합은 창의적이고 효율적인 비즈니스 모델을 만들어 낼 수 있는 기회다. 앞에서 말한 것처럼 개별 주문에 따른 인쇄, 다양한 제품, 낮은 초기 비용, 전 세계 배송 등의 장점을 바탕으로 남들보다 더 유리하게 사업을 시작할 수 있다.

창의력과 기술을 결합한 이 놀라운 사업 전략은 기존 제품과 차별화된 경쟁력을 가지게 될 것이다. 생성형 AI와 주문형 인쇄 플랫폼의 시너지를 경험해 보자. 아직 늦지 않았다. 이 기회를 놓치지 말고 우리나라뿐 아니라 세계 시장에서 승부하기 바란다!

1. 주문형 인쇄 플랫폼을 통한 수익화 1: 주문 제작 제품을 사고 파는 곳

고객이 구매한 후 인쇄가 시작되어 제작되고 배송되는 제품을 판매하는 플랫폼은 다양하다. 티셔츠, 머그잔, 휴대폰 케이스 등 다양한 제품에 나만의 디자인을 입혀 판매할 수 있는 것이다. 고객의 주문이 들어오면 플랫폼이 제품을 만들고 배송까지 해 주기 때문에 디자이너는 생산, 배송, 재고 관리를 걱정할 필요 없이 디자인에만 신경 쓸 수 있다. 플랫폼은 판매의 일정 부분 수수료만 받는다. 지금부터 우리가 배운 AI디자인 기술을 적용해 보자. 이 플랫폼에 AI로 만든 디자인을 활용해 더 쉽게 독창적인 제품을 만들 수 있다. 주문형 인쇄 플랫폼은 많고 특징도 각각 다르니 차근차근 살펴보자.

주문형 인쇄 플랫폼 작동 방식

1) 레드버블(Redbubble)

레드버블(Redbubble, https://redbubble.com)은 다양한 제품을 판매할 수 있는 주문형 인쇄 플랫폼이다. 특히 의류(티셔츠, 후드, 탱크톱, 드레스, 스커트, 레깅스 등)와 전화 케이스, 스티커 및 가정 장식을 포함한 다양한 제품 유형을 제공한다. 또한 디자인 자습서, 브랜딩 가이드 및 마케팅 팁을 포함하여 판매자를 위한 다양한 정보도 제공하고 있다.

레드버블은 올인원(All-in-one) 사이트라고도 하는데, 판매자(사용자)가 디자인을 업로드하면 판매, 마케팅, 배송, 고객 지원 등 모든 과정을 판매자 대신 레드버블이 처리해 준다. 더구나 판매자에게 전혀 비용이 들지 않는다. 레드버블은 판매 후 여러 비용을 제외하고 나머지를 판매자에게 커미션으로 돌려준다.

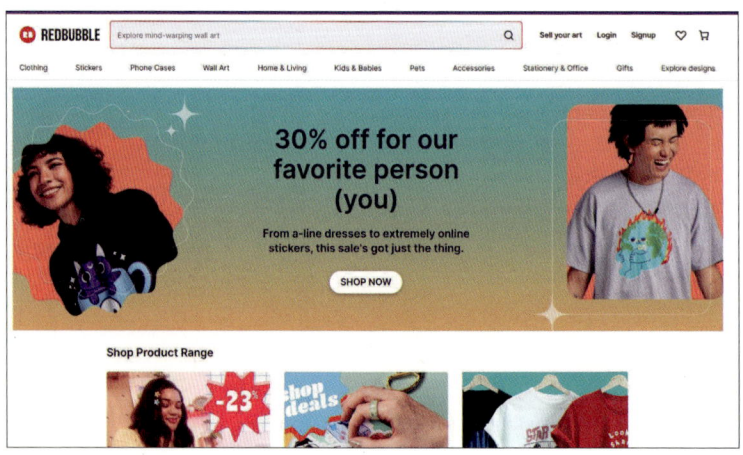

레드버블 메인 화면

2) 프린티파이(Printify)

프린티파이(Printify, https://printify.com)는 레드버블처럼 다양한 제품을 주문 제작하는 방식이지만 몇 가지 주요한 차이점이 있다. 프린티파이는 온라인 중개자 역할을 하며, 판매자가 다양한 제작 및 배송 업체 중에서 원하는 업체를 선택할 수 있다. 이와 반대로 레드버블은 디자인 업로드만 하면 판매, 마케팅, 배송, 고객 지원에 이르는 모든 과정을 대신 처리해 주는 올인원 서비스를 제공한다.

프린티파이를 이용하면 판매자가 직접 마케팅을 담당해야 하는 불편함이 있지만, 이를 통해 더 높은 수익을 낼 수도 있다. 판매자가 자신의 계정을 에츠(Etsy), 이베이(eBay) 등 다른 온라인 쇼핑몰과 연동하여 제품 판매처를 늘릴 수 있고, 플랫폼이 가져

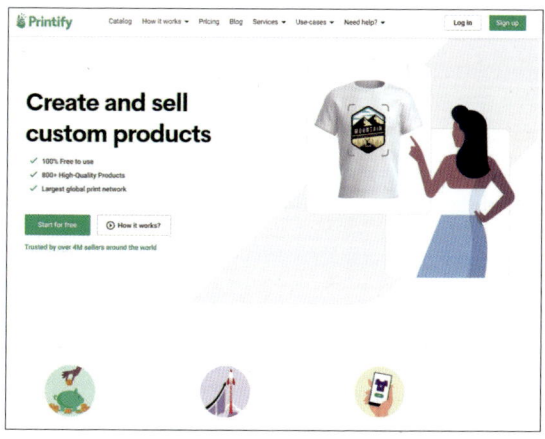

프린티파이 메인 화면

가는 비용이 레드버블보다 적기 때문이다. 예를 들어 레드버블에서 20달러에 판매되는 제품이 프린티파이에서는 10달러에 판매될 수 있다. 이런 부분까지 고려해 적절한 판매 전략을 세우면 레드버블보다는 프린티파이에서 얻는 수익이 더 클 수 있다.

결제 방식에도 차이가 있다. 레드버블은 구매자에게 판매 대금을 받아 수수료를 차감한 후 나머지 금액을 판매자에게 지급한다. 반면 프린티파이는 판매자가 구매자에게 직접 판매 대금을 받고, 제작 및 배송비를 나중에 프린티파이에 지불하는 방식이다. 이러한 차이점들을 고려하여 어떤 플랫폼이 자신에게 유리한지 결정하는 것이 좋다.

3) 프린트풀(Printful)

프린트풀(Printful, https://printful.com)은 판매자가 의류, 액세서리, 가정 장식을 포함한 맞춤형 제품을 만들 수 있는 플랫폼이다. 티셔츠, 후드티, 레깅스, 모자, 머그컵, 휴대폰 케이스 등 다양한 제품 제작이 가능하다. 하지만 레드버블처럼 마케팅까지 지원하는 올인원 서비스는 아니다. 프린트풀의 특징은 자수 및 승화(고온고압에서 고체 잉크를 기체 상태로 변환시켜 인쇄하는 방식으로 다양한 재질에 인쇄할 수 있고 소량 인쇄도 가능하다.)와 같은 다양한 인쇄 기술을 제공하여, 판매자가 원하는 디자인을 더욱 돋보이게 해 준다는 점이다.

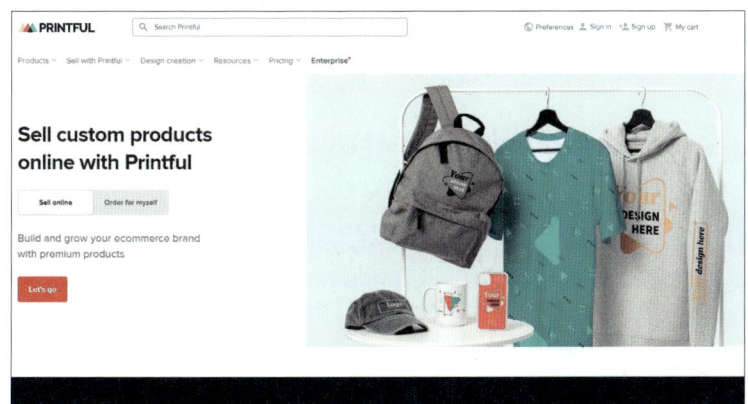

프린트풀 메인 화면

4) 티스프링(Teespring)

티스프링(Teespring, https://teespring.com)은 판매자가 자신의 디자인을 업로드하여 셔츠, 후드티, 머그컵 등 다양한 제품에 인쇄할 수 있다.

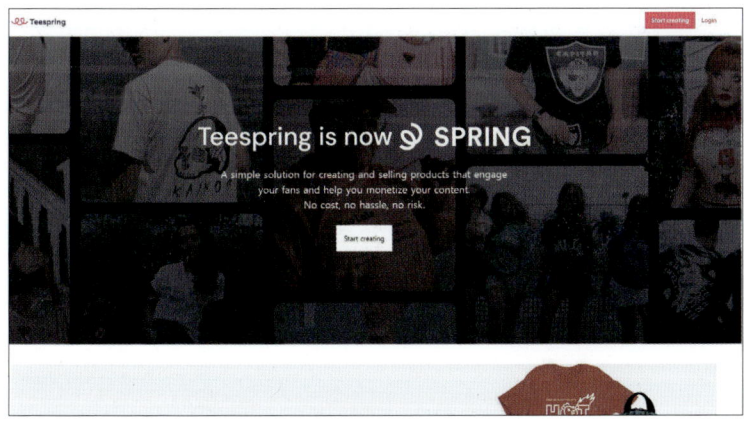

티스프링 메인 화면

티스프링은 레드버블과 유사하나, 주요 차이점 중 하나는 마케팅을 지원하지 않는다는 것이다. 이 말은, 판매자들이 자신의 제품을 홍보하고 판매량을 늘리기 위해 직접 마케팅해야 함을 의미한다. 제품의 품질과 가격 면에서 레드버블과 비슷하지만, 판매자가 직접 마케팅을 해야 한다는 점 때문에 초보자들이 접근하기에는 어려운 면이 있을 수 있다.

5) 소사이어티6(Society6)

소사이어티6(Society6, https://society6.com)는 판매자가 아트 프린트, 태피스트리, 홈 데코와 같은 다양한 제품에 들어갈 자신의 이미지를 판매할 수 있다. 디자인을 업로드하고 판매할 제품을 선택할 때 인터페이스가 비교적 편리하다. 소사이어티6는 레드버

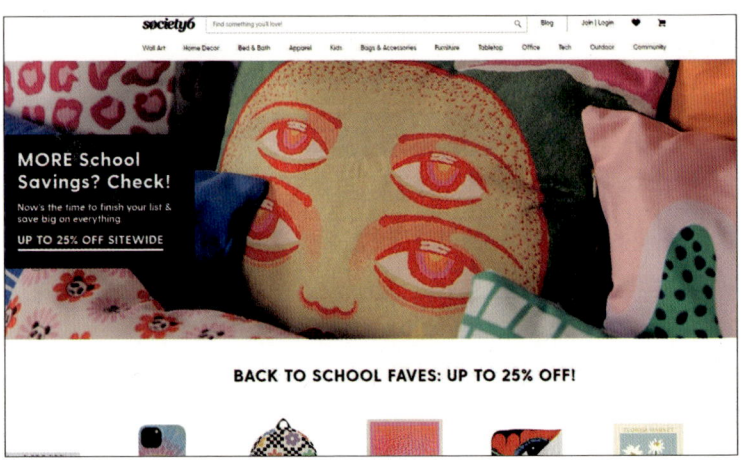

소사이어티6 메인 화면

블처럼 마케팅을 직접 해 주진 않지만 소셜 미디어 연동, 이메일 마케팅, 검색 엔진 최적화(SEO) 등의 다양한 마케팅 도구를 판매자에게 제공한다. 판매자는 이러한 도구를 활용해 자신만의 마케팅 전략을 세우고 직접 실행해야 한다.

주문형 인쇄 플랫폼

플랫폼	레드버블	프린티파이	프린트풀	티스프링	소사이어티6
제품 제작	O	O	O	O	O
판매	O	O	O	O	O
마케팅	O	X	X	X	도구만 제공
배송	O	O	O	O	O
특징	판매부터 배송, 마케팅까지 모든 것을 레드버블이 처리해 주는 올인원 서비스	판매자가 제작 및 배송업체 선택 가능, 직접 마케팅해야 하는 대신 비용 저렴	자수, 승화 등 다양한 인쇄 기술을 제공하여 디자인을 돋보이게 해 줌	레드버블과 유사하나 마케팅을 제공하지 않음	마케팅을 직접 해 주지는 않으나 다양한 마케팅 도구 제공

2. 주문형 인쇄 플랫폼을 통한 수익화 2: '레드버블'에서 판매 따라 하기

1) '레드버블'에서 판매를 시작해야 하는 이유

지금까지 열거한 레드버블, 프린티파이, 프린트풀, 티스프링, 소사이어티6는 비교적 유저가 많은 주문형 인쇄 플랫폼이다. 그 외에도 더 많은 플랫폼이 존재한다.

다양한 플랫폼 중 어떤 것을 먼저 시작할지 고민이 될 것이다. 프린티파이는 제품의 품질이 높고, 가격이 저렴하며, 처리 시간이 빠르다. 이것만 보았을 때 프린티파이가 가장 경쟁력이 있어 보인다. 단, 판매자가 직접 마케팅을 해야 한다는 단점이 있다. 본인이 직접 마케팅을 잘할 수 있다면 프린티파이에서 시작하는 것이 유리하다. 그러나 본인이 주문형 인쇄 플랫폼에서 처음 판매를 시작한다면 레드버블에서 먼저 시작해 보는 것을 추천한다. 그 이유는 다음과 같다.

① 많이 알려져 있는 플랫폼이다

레드버블은 전 세계 수천 명의 독립 디자이너와 아티스트가 존재한다. 또한 구글에서도 꽤 높은 순위로 올라와 있어 구글 쇼핑 광고에서 레드버블 제품이 노출되고 있다. 이것은 레드버블에 제품을 올려놓으면 그만큼 판매 가능성이 높다는 뜻이다. 즉, 판매자가 별도로 홍보를 하지 않아도 된다. 물론 직접 홍보를 하면 효과는 있겠지만 레드버블은 이미 여러 검색엔진에 노출되어 있기 때문에 직접 홍보 없이도 구매자들의 눈에 띌 확률이 높다. AI를 통해 만든 이미지와 상세한 설명을 포함시켜 제품을 올려둔다면, 이른 시일 내에 판매량이 쌓이기 시작할 것이다.

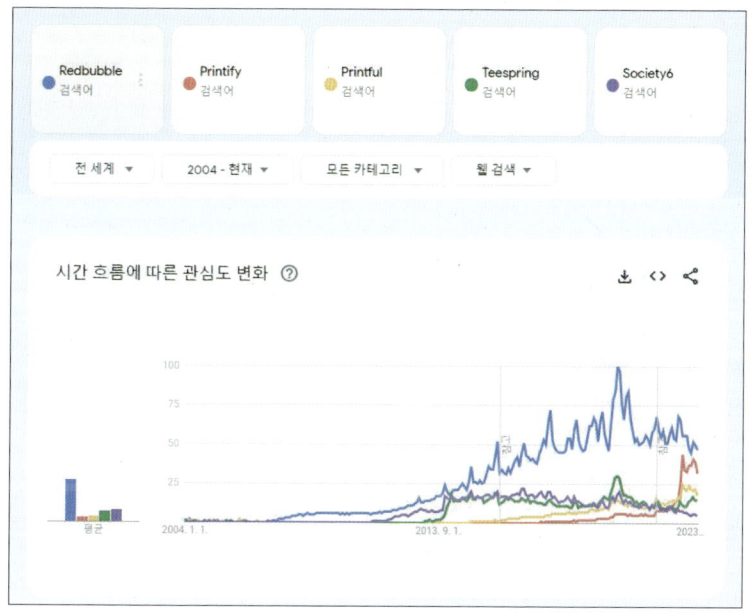

구글 트렌드에서 검색한 관심도

또한 레드버블은 주문형 인쇄 플랫폼 중 가장 큰 규모다. 호주 증권 거래소에 상장되어 있다. 현재까지 플랫폼 단독으로 상장되어 있는 곳은 레드버블이 유일하다.

레드버블의 주식

② 알아서 판매해 준다

판매자 입장에서 플랫폼이 직관적이고 사용하기 쉬운 편이다. 다음 페이지에서 자세히 다루겠지만, 계정을 만들고 디자인을 업로드한 후 상품 배치와 사양을 결정하는 과정이 그리 복잡하거나 번거롭지 않다. 또한 디자인 업로드 후에는 고객이 마음에 드는 상품을 선택하여 구매하면 레드버블이 인쇄와 배송을 모두 해 주니 크게 신경 쓸 일이 없다.

③ 초기 자본이 필요 없다

레드버블에 계정을 열고 디자인을 업로드하면 끝이다. 유지 관리해야 하는 재고도 없을뿐더러 마케팅도 따로 하지 않아도 된다. 제품이 판매되면 판매자가 받게 되는 로열티는 보통 구매 가격의 10~30% 정도다. 예를 들어 제품의 가격이 10달러고 판매자가 마진을 20%로 설정하면 소매 가격은 12달러(기본가격 10달러 + 마진 2달러)가 되고, 제품을 판매할 때마다 판매자는 2달러의 로열티를 받게 되는 것이다. 마진율은 판매자가 원하는 대로 설정이 가능하지만, 대략 티셔츠 20%, 스티커 30%로 설정하는 경우가 많다.

결론적으로, 레드버블은 접근하기 쉽고 디자인 외에 신경 쓸 것이 없는 편리한 플랫폼이다. 처음 시작하는 초보라면 레드버블을 통해 복잡한 과정은 생략하고, 더 중요한 디자인 과정에 집중함으로써 수익률을 높일 수 있다.

2) 해외에서 돈 받는 페이팔(Paypal) 가입

레드버블은 해외 플랫폼이다. 전 세계 사람들이 내 고객이라는 뜻이다. 내 디자인이 들어간 상품을 판매할 수 있고, 전 세계 사람들 중 내 상품을 구매하는 고객이 생긴다는 의미다. 그렇다면 해외 판매를 하는 데 있어 제일 중요한 부분인 판매 수익은 어떻게 받아야 할까? 지금부터 설명하도록 하겠다. 따라만 하면 된다! 우선 레드버블에 가입하기 전에 페이팔(Paypal)에 가입해야 한다. 페이팔을 통해 해외 송금 및 결제를 원활하게 할 수 있다.

① 회원 가입

(1) 페이팔 홈페이지(https://paypal.com)에 접속한다. [지금 가입하기]를 클릭한다.

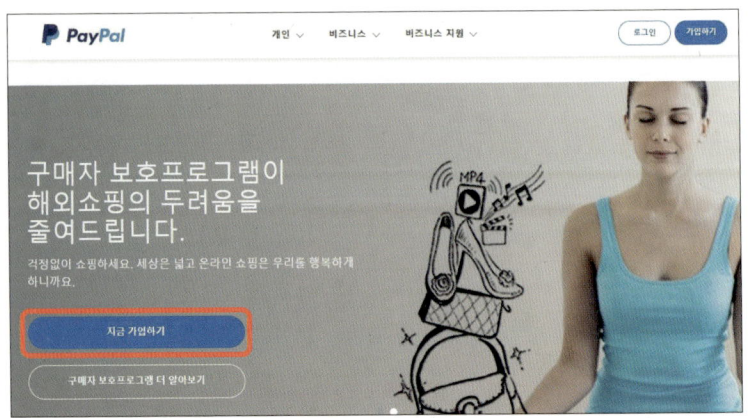

페이팔 메인 화면

(2) [Paypal로 결제받기]를 선택하고 [다음으로]를 클릭한다.(판매자 기준으로 설명하겠다.)

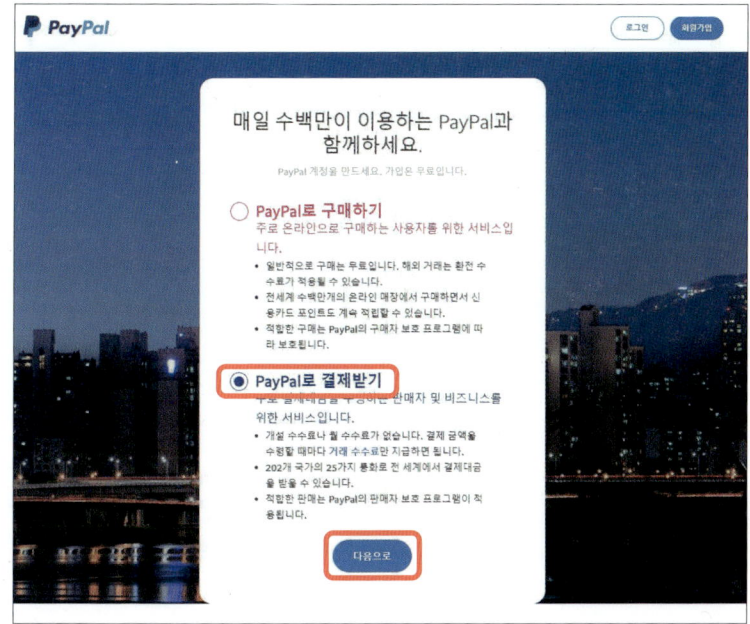

결제받기 선택

(3) 성, 이름, 이메일 주소, 비밀번호를 입력한다. 한글 이름이
든 영문 이름이든 상관없다. 중간의 [모두 선택]을 클릭하
고 하단의 [동의 및 제출]을 클릭한다.

정보 입력 화면

(4) 그러면 이메일을 활성화하라는 메시지가 나온다. [계정 활
성화 시작]을 클릭한다.

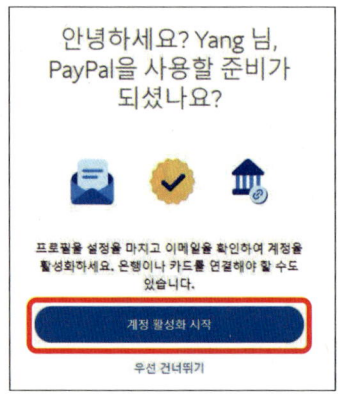

계정 활성화 안내 화면

(5) 메일 계정에 접속해 페이팔에서 보낸 이메일을 확인하고 [이메일 확인]을 클릭한다.

이메일 확인 안내 메시지

(6) ❶ 로그인 창에서 비밀번호를 입력한다. ❷ 이메일이 확인 되었다는 메시지가 뜬다.

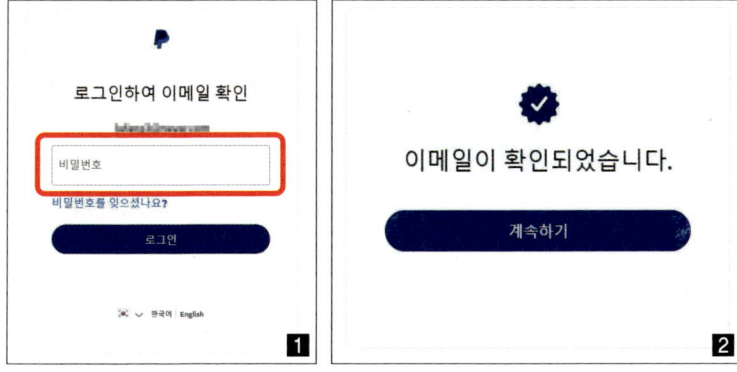

[1] 로그인 화면 [2] 이메일 인증 확인 화면

② 프로필 입력

(1) 138p의 계정 활성화 안내 화면으로 되돌아간다. [계정 활성화 시작] 버튼을 이미 클릭했기 때문에 아래와 같은 창이 열려 있다.

(2) ❶ '개별 판매자/자영업자'를 클릭하고 순서대로 정보를 입력한다. ❷ '지금은 전체 법적 이름을 사용하세요.'의 체크박스를 클릭하면 이름이 자동으로 입력된다. ❸ '어떤 유형의 비즈니스인가요?'는 개인을 선택한다. ❹ 다음으로 생년월일, 국적, 전화번호, 주소를 입력한다. 정보를 다 입력했으면 하단의 [다음] 버튼을 클릭한다.

기본 정보 입력

(3) 페이팔 로그인 후 메인 화면에서 '프로필 완료'의 [시작하기]를 클릭하면 프로필 설정을 완료하라는 메시지가 나온다. [다음]을 클릭한다.

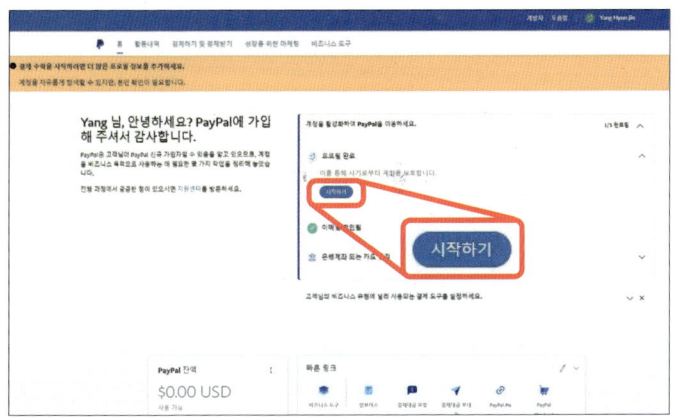

로그인 후 메인 화면

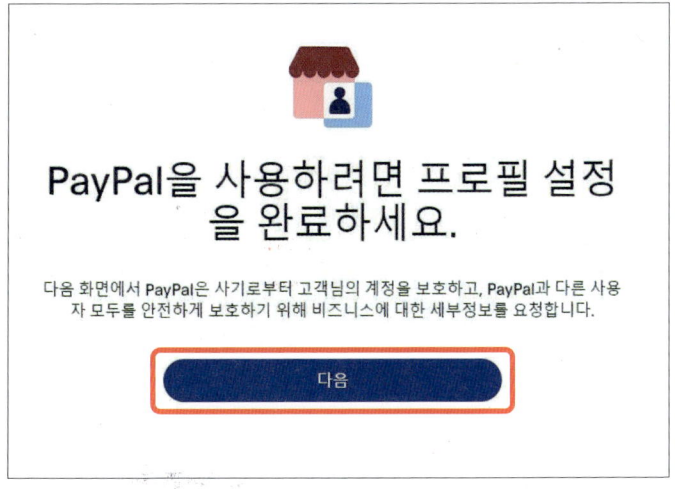

프로필 입력

(4) 기본 정보를 입력하라는 페이지에서 [개별 판매자/자영업자]를 체크 후 [다음] 버튼을 클릭한다.

정보 입력

(5) 맨 위의 비즈니스 등록 번호는 입력하지 않아도 된다. 두 번째 나오는 기본 통화와 서비스 종류를 선택한다. 맨 아래에 있는 주소 입력 창에서는 [거주지 주소 사용]을 체크하면 앞에서 입력한 주소가 자동으로 입력된다. [다음] 버튼을 클릭한다.

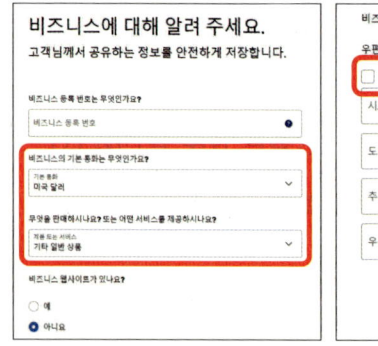

상세 정보 입력

(6) 고객 확인 프로세스를 완료하라는 메시지가 나오는데 '대한민국'을 선택하고 [제출]을 클릭한다. 그러면 준비가 완료되었다는 창이 나온다. [홈페이지로 이동] 버튼을 클릭한다.

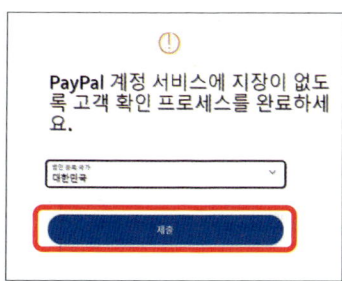 

프로필 입력 완료

③ 은행계좌 연결

(1) 여기까지 진행되었다면 메인 화면에서 '프로필 인증됨', '이메일 확인됨'으로 나타날 것이다. 마지막으로 '은행계좌 또는 카드 연결'이 남아 있다. [은행계좌 연결] 버튼을 클릭한다.

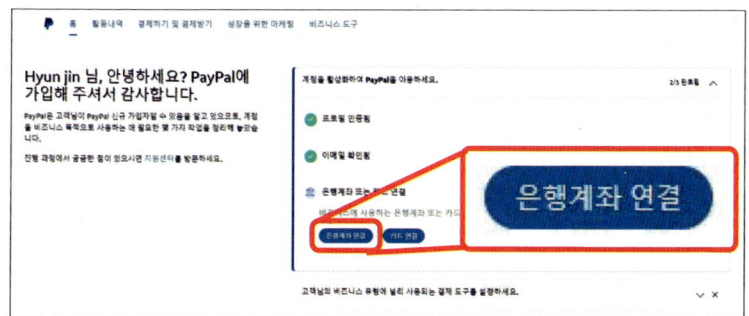

은행계좌 연결

(2) [은행계좌 연결] 창이 나타나면 은행 이름을 입력한다. 일반적으로 은행 이름을 입력하면 은행 코드는 자동으로 생성된다. 혹시 생성되지 않으면 네이버 등의 포털사이트에서 '은행 이름 + 은행 코드'로 검색해서 나오는 세 자릿수의 코드를 입력하면 된다.

(3) '계좌 유형'을 선택한다. 계좌 번호, 주민등록번호, 계정 이름이 일반(개인)인 경우 계좌 유형을 '예금'으로 선택한다. 당좌로 선택해도 돈이 입금될 때 별 차이는 없다. 그럼에도 개인이라면 '예금'으로 선택한다.
 - 당좌(當座): 예금자가 수표를 발행하면 은행이 어느 때나 예금액으로 그 수표에 대해 지급을 하도록 되어 있는 예금
 - 예금(五金): 일정 금액을 정해진 계약기간 동안 은행에 예치하는 금융 상품

(4) '본인 확인'란에는 주민등록증을 선택하고 주민등록번호를 입력한다. 마지막으로 하단에 [동의 후 연결]을 클릭한다.

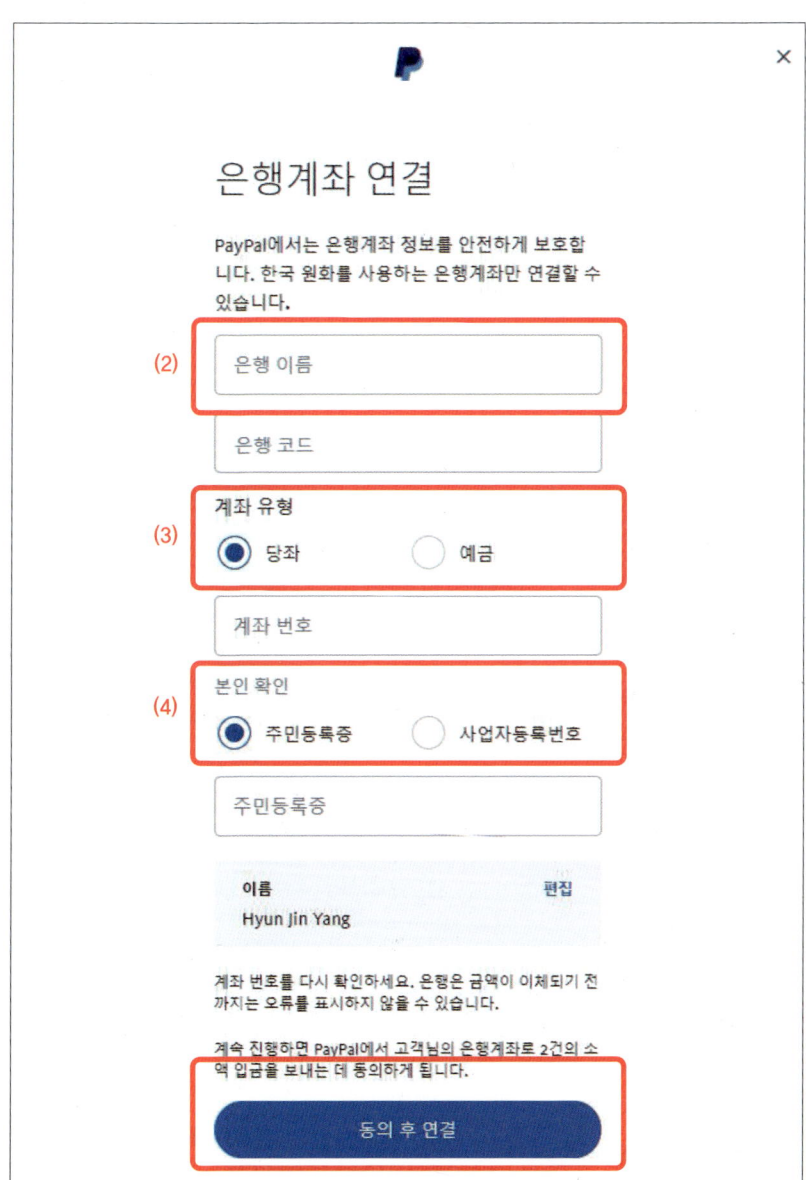

(5) [은행계좌 확인 방법]이 나타난다. 3~5일 이내로 50원 이내의 소액이 두 건 입금된다. 해당 계좌에 입금된 정확한 금액을 확인한다.

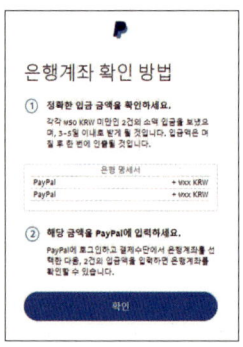

은행계좌 확인 방법 안내 화면

(6) 페이팔에 로그인해 오른쪽 상단에 있는 이름에 마우스를 대면 나오는 [계정 설정]을 클릭하고 왼쪽의 [자금, 은행 및 카드]를 클릭하면 아래와 같은 페이지가 뜬다. 은행 칸에 있는 [편집]을 선택한다.

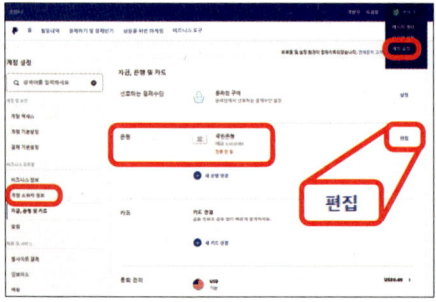

은행계좌 선택

(7) 다음 페이지에서 [은행 확인]을 클릭한다.

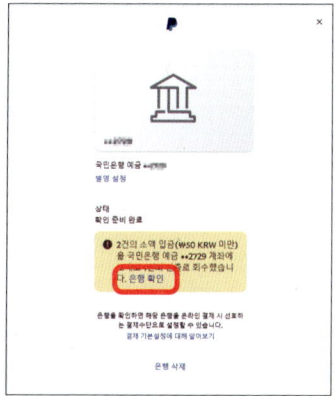

은행계좌 확인 시작

(8) 자신이 연결했던 계좌를 확인하여 페이팔에서 입금한 금액을 두 건 모두 정확하게 입력하고 [확인] 버튼을 클릭한다.

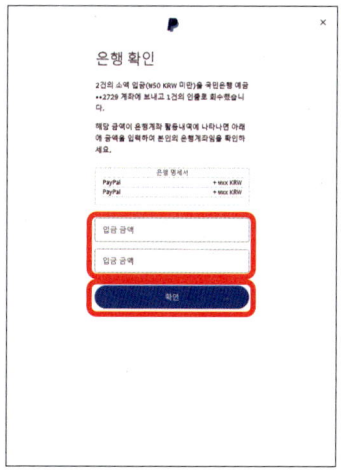

소액 입금 확인

(9) 연결이 완료되었다. [완료] 버튼을 클릭하면 자동으로 열리는 다음 페이지에서 은행계좌가 확인되었음을 알 수 있다.

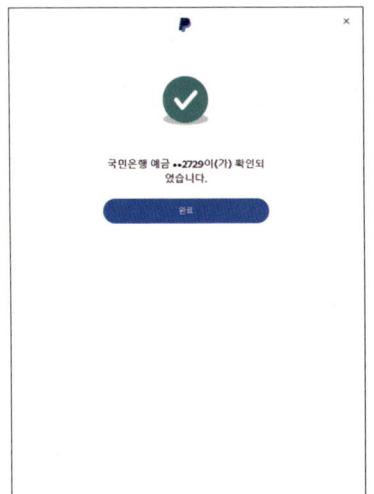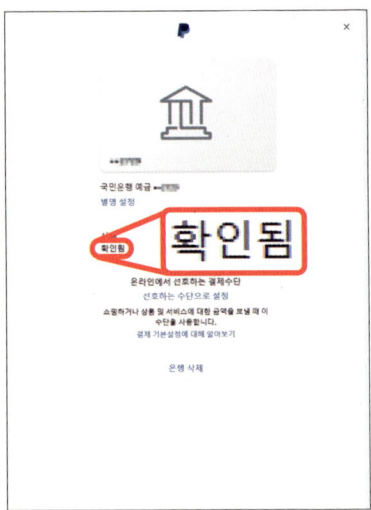

은행계좌 확인 완료

회원 가입, 프로필 인증, 은행계좌까지 연결하면 레드버블에서 페이팔을 통해 판매 수익을 입금받을 준비가 끝났다.

3) '레드버블'에서 판매 따라 하기

① 회원 가입

(1) 먼저 레드버블(https://redbubble.com)에 접속한 후, 상단 오른쪽의 [SIGN UP] 버튼을 클릭한다.

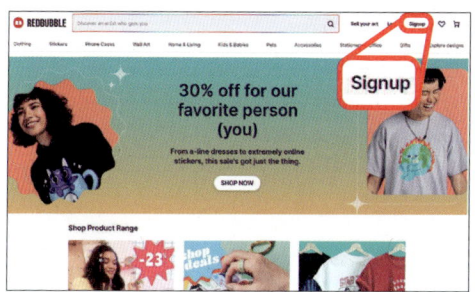

레드버블 메인 화면에서 Sign Up 클릭

(2) Join Redbubble 화면이 나오면 [Artist Signup(작가 계정)]을 선택한다. 이메일 주소, 샵 이름, 패스워드를 입력하고 하단의 [Sign Up] 버튼을 클릭하여 회원 가입을 완료한다.

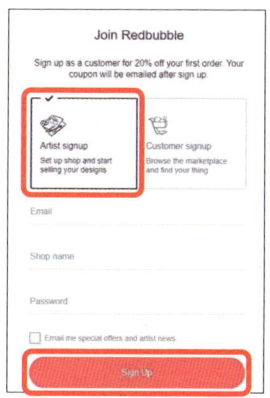

회원 가입

② 상품 등록

(1) 상단 오른쪽에 있는 사람 아이콘을 클릭하고, 그림과 같이 창이 뜨면 [Sell Your Art]를 선택한다.

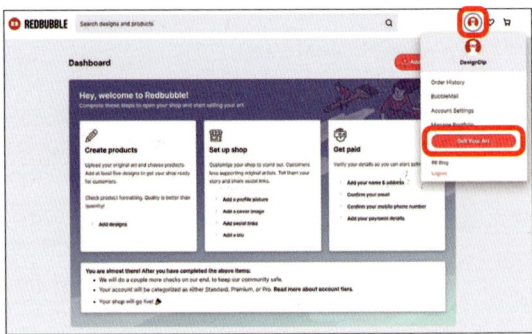

상품 등록 선택

(2) 대시보드 창이 나오면 왼쪽 'Create products' 박스의 [Add designs]를 클릭하여 제품 등록을 시작한다.

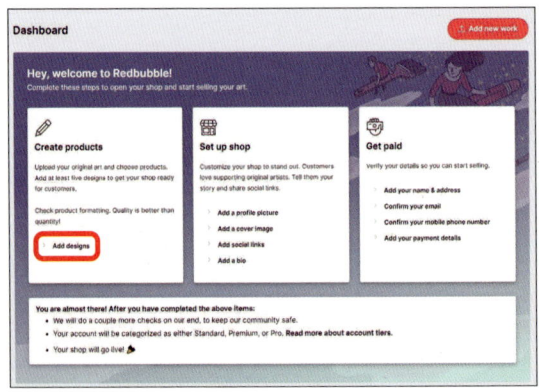

제품 등록 시작

(3) 'Add new work' 창이 나오면 두 가지 중 선택하는 창이 나온다.

❶ [Upload new work]: 처음부터 디자인을 등록하는 작업이다. 고해상도 파일(JPEG, PNG, GIF)을 올려야 하며 최소 1000px(픽셀)을 권고한다.

❷ [Copy an existing work]: 기존에 등록한 디자인을 복사하여 배치나 색상 변경 등 일부만 수정하는 작업이다.

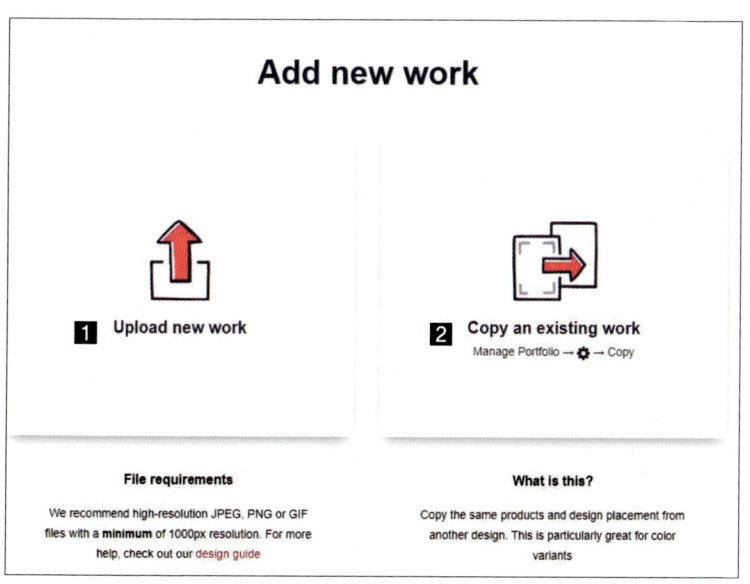

제품 등록 창

(4) [Upload new work]를 클릭하면 PC 파일을 업로드할 수 있는 창이 나온다. 미리 제작한 이미지를 선택 후 업로드 한다.

※ 이미지를 제작하는 방법은 《따라 하다 보면 나도 AI디자이너1》에 쉽고 자세히 설명되어 있다.

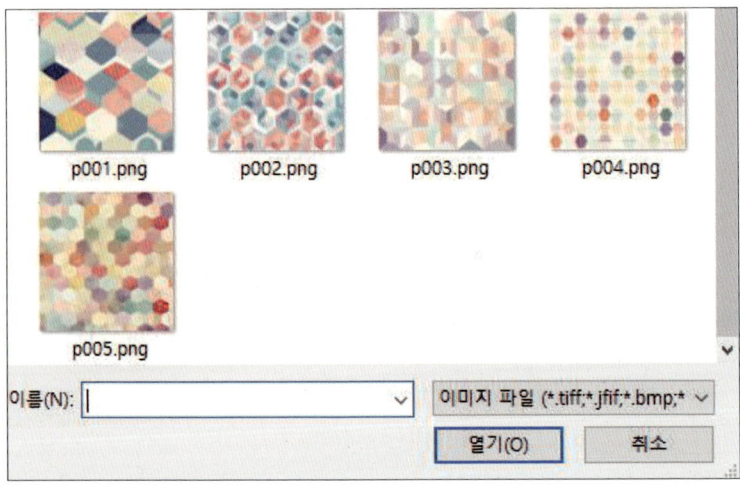

새로 작품 업로드

(5) 이미지를 올리면 바로 상세 정보를 입력하는 페이지가 보인다. 이미지의 상세 정보를 입력한다. 4개 언어로 입력하게 되어 있는데 영문 내용을 우선 입력하고 번역기를 통해서 각각의 언어로 등록할 수 있다.

1 언어: English(영어), Deutsch(독일어), Français(프랑스어), Español(스페인어)

2 Title(required): 타이틀 입력

3 Tags: #태그 입력

4 Description: 내용 입력

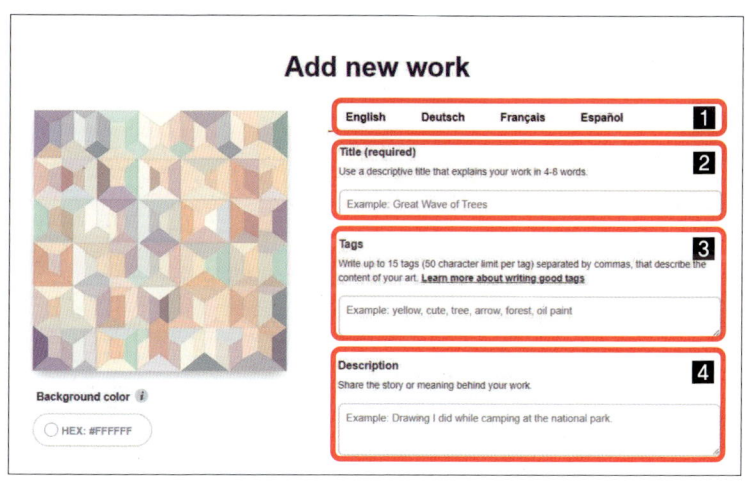

상세 정보 입력

(6) 페이지를 밑으로 내리면 업로드한 디자인이 자동으로 상품 유형에 따라 적용되어 있는 것을 볼 수 있다.

디자인이 적용된 상품

(7) 상품마다 원하는 설계와 배치를 조정할 수 있다. 상품의 [Edit] 버튼을 누르면 이미지의 배치, 가로(폭), 세로(높이) 구성, 이미지 교체 등을 상세하게 설정할 수 있다. [Choose pattern]을 누르면 활성화되는 창에서 [Regular grid]를 클릭하면 반복적인 패턴을 설정할 수 있다. 좀 더 자연스러운 패턴을 원하면, [Regular grid(직선 패턴)] 아래에 있는 [Offset grid(대각선 패턴)]를 눌러 설정하면 된다.

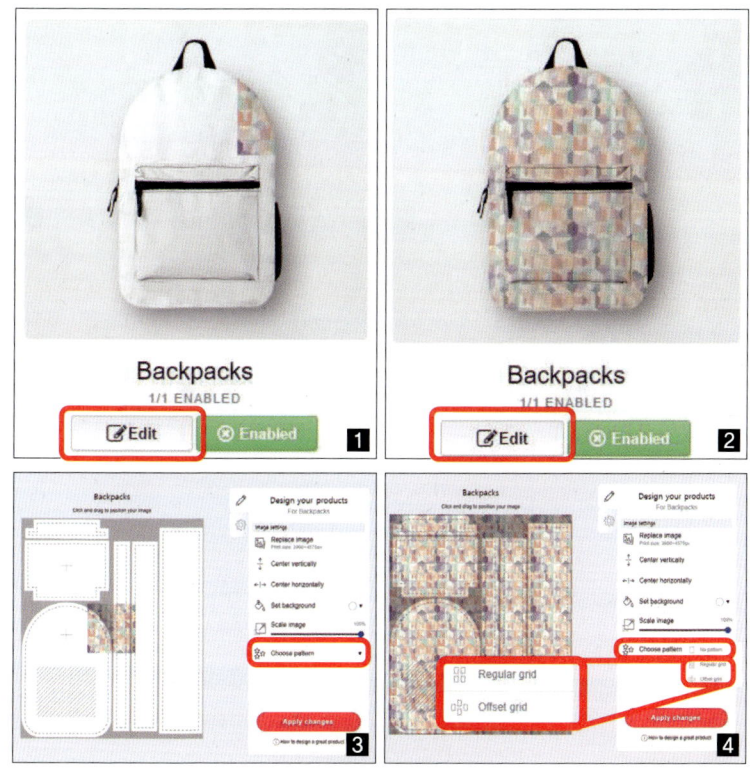

[1][3] 패턴 미적용 [2][4] 패턴 적용

(8) 처음에는 상품들이 [Disabled(비활성화)]로 되어 있다. 판매를 원하는 상품은 [Disabled] 버튼을 클릭하면 [Enabled(활성화)] 상태로 변하면서 판매 가능한 상태가 된다.

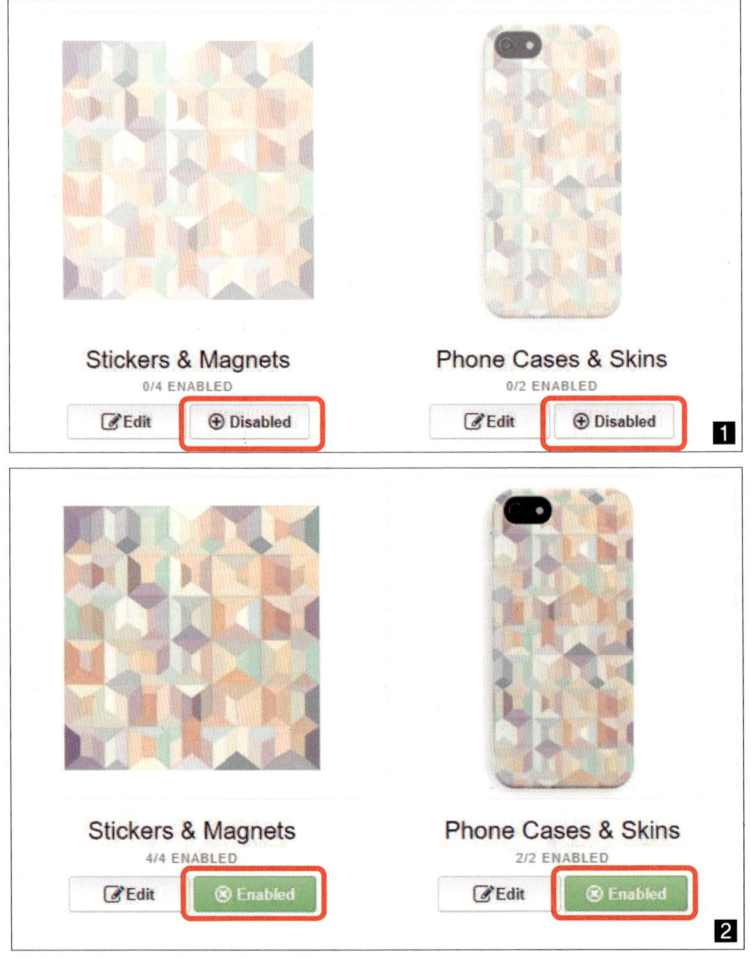

[1] 비활성화(Disabled) [2] 활성화(Enabled)

(9) 모든 작업을 마무리한 다음 화면 맨 밑에 있는 [I agree to the Redbubble~]의 체크박스에 체크 후, [Save Work]를 누르면 모든 이에게 내 상품을 공개할 수 있다.

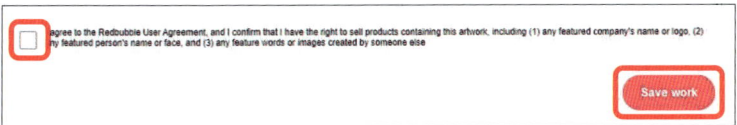

(10) 모든 작업이 완료되면 다음과 같이 축하한다는 메시지와 함께 내가 올린 상품들을 확인할 수 있다.

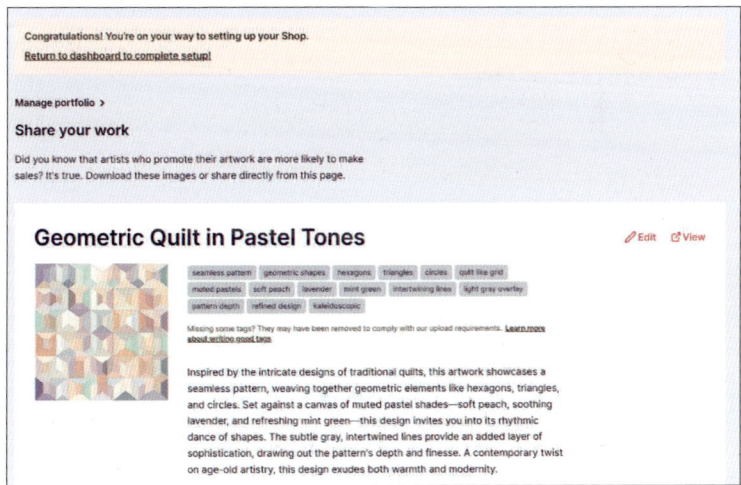

업로드된 상품 확인

(11) 페이지를 내리면 각 제품별 내 디자인이 적용된 이미지를 볼 수 있다. 각 제품 하단의 [:]를 클릭하면 메뉴가 나오는데 [View product page]를 클릭하면 실제 구매자에게 판매되는 페이지를 확인할 수 있다.

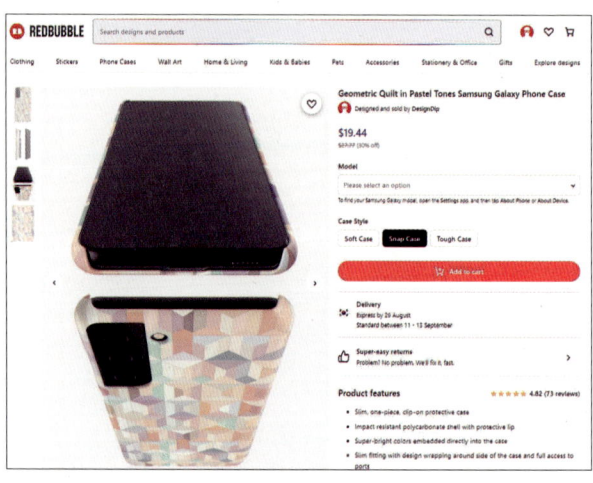

구매자에게 보이는 페이지

※주의사항: 레드버블은 실시간으로 제품 제작, 판매가 이루어지기 때문에 상품의 품질 관리는 거의 불가능하다. 그래서 항상 디자인을 높은 해상도와 깨끗한 이미지로 품질을 유지하는 것이 중요하다.

③ 결제 정보 입력

(1) 판매 수익을 받기 위해서는 결제 정보를 입력해야 한다. 오른쪽 상단 사람 아이콘 클릭 후 [Account Settings]를 선택한다.

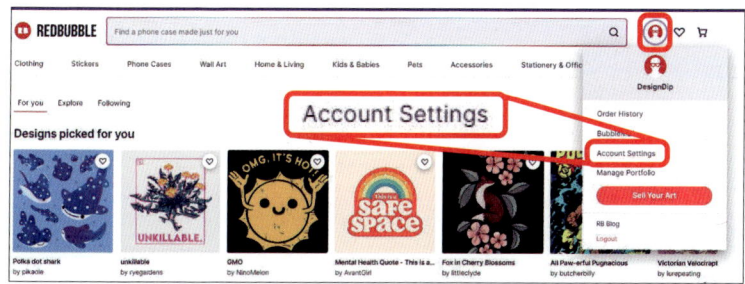

결제 정보 입력

(2) 새롭게 활성화된 페이지에서 왼쪽 중간쯤에 있는 [Edit Payment Details]를 클릭한다.

(3) 'Personal Details'란에 이름을 입력하고, 'Email'란에

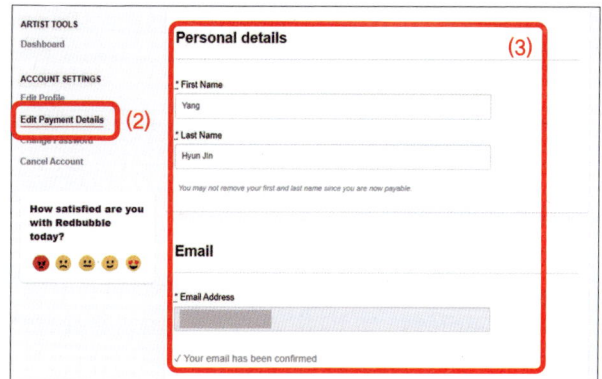

인증 완료된 화면

자신의 이메일 주소를 입력한다. 이메일 주소 입력 후 인증 확인을 요청하면 자신의 이메일로 인증 메일이 도착한다. 받은 이메일의 링크 주소를 클릭하면 인증이 완료된다.

(4) 페이지를 내려서 'Email'란 밑에 있는 'Residential Address'에 자신의 주소를 입력한다. 영문 주소는 네이버에서 '영문 주소'를 입력하고 자신의 집 주소를 입력하면 알 수 있다.

영문 주소 입력

(5) 레드버블에서 내 상품이 팔리면 이에 대한 결제 대금을 받을 수 있는 경로를 연결해야 한다. 앞에서 만든 페이팔 계정을 연동하는 작업이 필요하다. 페이지를 내리다 보면 있는 'Getting Paid'에서 **1** 'Paypal or ACH Bank Transfer'를 선택한다. **2** 바로 아래 'Option 1'을 선택하고 **3** [Verify PayPal Account] 버튼을 누르면 페이팔과 연동할 수 있다.

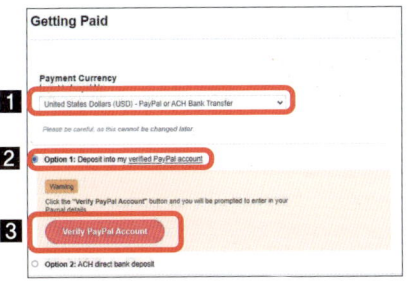

페이팔 계정과 연동

(6) 페이지를 내려서 'Getting Paid' 밑에 있는 'Phone Number'란에 자신의 휴대전화번호를 입력하고 인증을 받는다. 문자로 전송된 번호를 입력하면 인증된다.

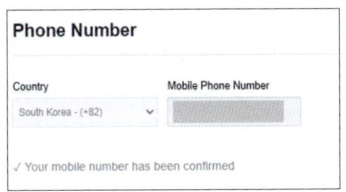

휴대폰 번호 인증 완료된 화면

(7) 페이지 맨 밑에 있는 'User Agreement'란에 **1** 'Yes I agree to the Redbubble User Agreement'가 비활성화 된 것을 확인 후 **2** [Save Changes]를 클릭하면 위에서 입력한 결제 정보가 반영된다.

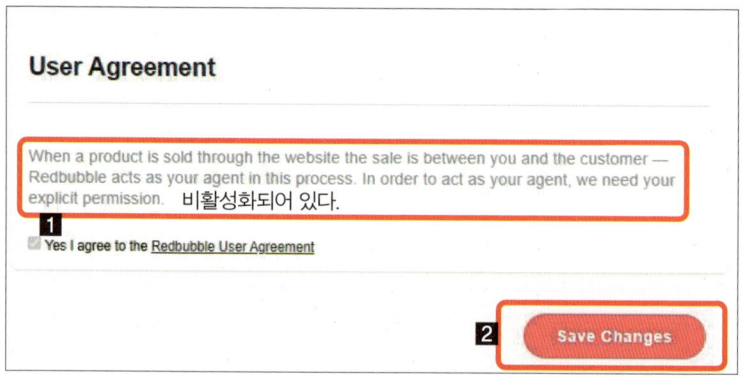

저장 완료

④ 가게 세팅하기

(1) 150p를 참고하여 대시보드 창을 연다. 대시보드의 가운데 박스에서 프로필을 수정할 수 있다. 다음 페이지에서 각각의 항목을 설명하겠다.

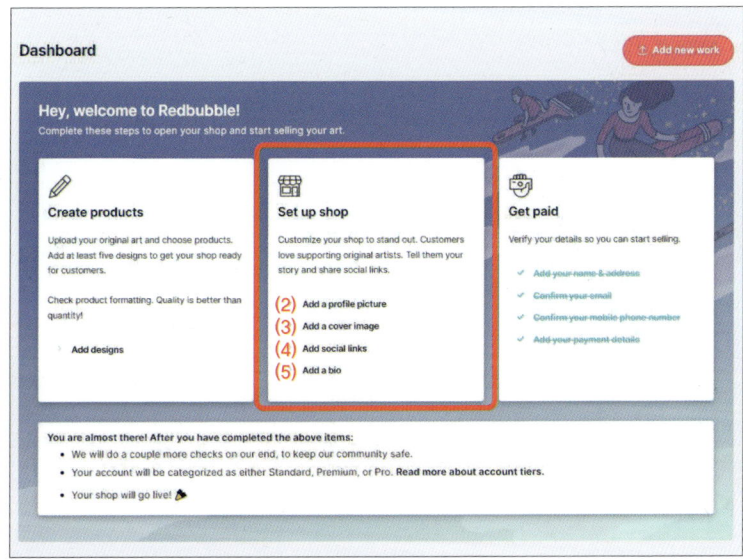

프로파일 설정

(2) 프로필 이미지 올리기(Add a profile picture)

앞 페이지의 (2)번을 누르면 아래와 같은 페이지가 뜬다. Avatar 칸에서 [Upload]를 눌러 사진을 올릴 수 있다. 내 온라인 샵의 얼굴을 올리는 것으로 로고 또는 얼굴 사진을 올리면 된다.

(3) 커버 이미지 올리기(Add a cover image)

앞 페이지의 (3)을 누르면 아래와 같은 페이지가 열린다. Cover image 칸에서 [Upload]를 눌러 사진을 올릴 수 있다. 내 온라인 샵의 간판을 올리는 과정으로, 이미지 사이즈는 2400x600픽셀로 만든다.

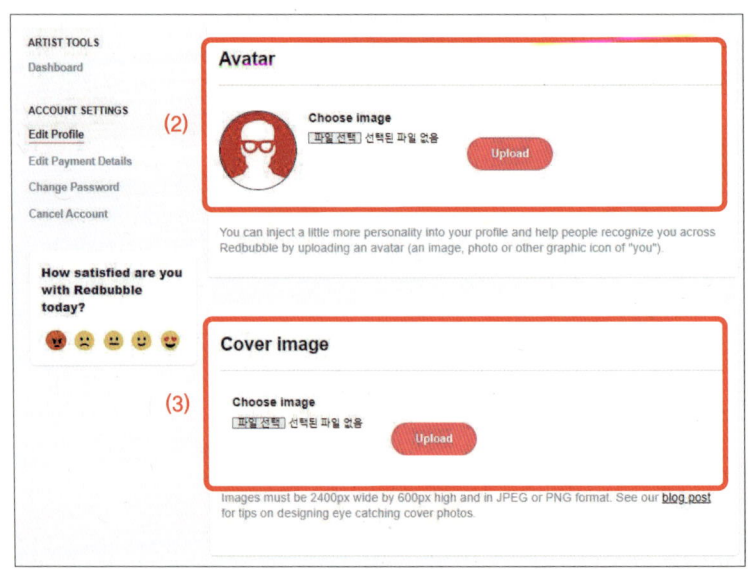

프로필과 커버 이미지 올리기

(4) SNS 계정 연결하기(Add social links)

앞 페이지의 (4)를 누르면 아래와 같은 페이지가 열린다. 이 페이지에서 개인 SNS를 연결하여 고객을 유입시킬 수 있다. 여러 가지 SNS를 모두 연결할 수 있는데 인스타그램을 추천한다.

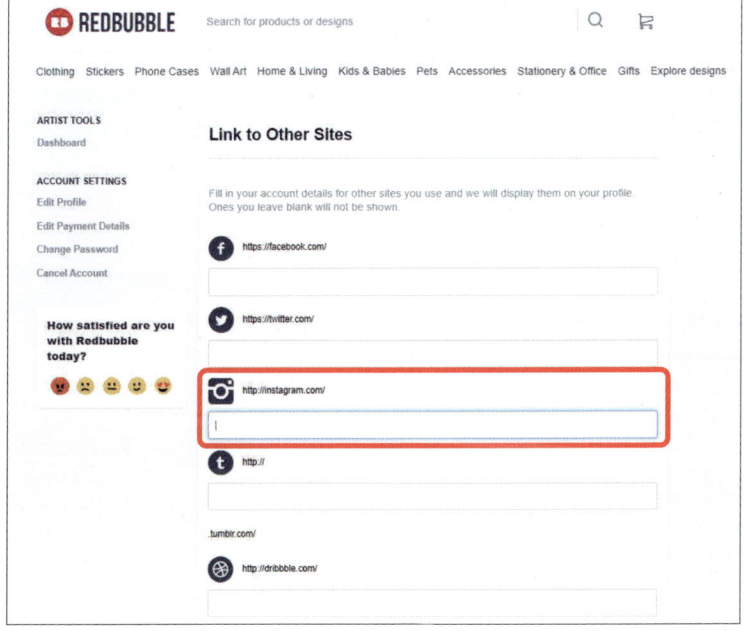

SNS 계정 연결

(5) 자기소개서 올리기(Add a bio)

163p의 (5)를 누르면 아래와 같은 페이지가 열린다. 여기서 간단하게 자기소개서를 쓰면 된다. 영어로 써야 하는데 파파고나 구글 번역에서 영문으로 변환하여 입력하면 된다. (영문 번역에 대한 방법은 1권의 파트 3에 자세히 나와 있다.) 체크박스는 이미지대로 기본 설정이 되어 있다. (설정한 별명이 보이게 하기 / 내 프로필의 나라와 도시 보이게 하기 / 사용자들이 나에게 메일 보낼 수 있게 하기)

자기소개서 올리기

Tip) 경쟁력 있는 디자인

레드버블에서는 반복적인 패턴이 적용된 디자인이 유리하다. 레드버블뿐만 아니라 다른 플랫폼에서도 마찬가지다. 패턴 디자인이 다양한 제품에 적용하기 쉽기 때문이다. 무엇보다 판매자 입장에서는 하나의 이미지를 만들고 여러 상품에 적용할 수 있다. 일석이조가 아니라 일석삼십조쯤 된다.

다양한 제품에 어울리는 특징 때문에 패턴 디자인 하나만 잘 만들면 수익이 금세 늘어날 수 있다. 예를 들어 특정 패턴의 핸드폰 케이스를 구매한 고객이 해당 패턴의 마우스패드까지 구매하려 할 가능성이 높다. 게다가 우리가 지금까지 배운 AI를 이용하여 독특하고 창의적인 패턴 디자인을 만들 수 있으니 다른 디자인보다 경쟁력 있고 차별화된 상품을 제공할 수 있다.

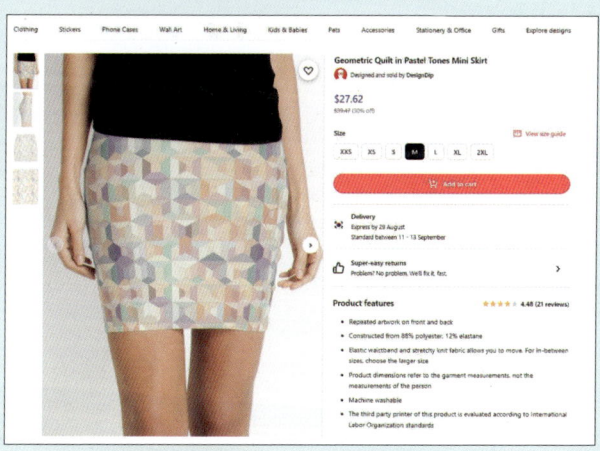

의류에 적용된 패턴 디자인

4) 프롬프트 엔지니어를 위한 '레드버블' 가이드

① 레드버블에서 판매 이해하기

레드버블은 제품을 등록한 후 판매를 확인할 필요가 없다. 판매가 이루어질 때마다 레드버블에서 판매된 디자인, 제품 및 로열티에 대한 세부 정보가 포함된 이메일을 보내 주기 때문이다. 또한 레드버블은 판매자의 관리를 더 쉽게 하기 위해 수익, 잘 팔리는 제품, 그리고 트래픽 통계를 볼 수 있는 대시보드도 제공하고 있다.

② 레드버블의 가격 모델

사람들에게 레드버블에 대해 설명하면 가장 많이 받는 질문이 있다. "레드버블이 수수료를 얼마나 가져가나요?" 사실 레드버블이 수수료를 가져간다기보다는 디자이너가 로열티를 가져간다는 표현이 맞다. 모든 제품에는 제품의 제작 및 인쇄비용을 포함하는 기본 가격이 있다. 이 가격에 추가로 20%로 설정된 '아티스트 마진' 또는 로열티가 있는데 디자이너는 이 비율을 조절할 수 있다. 가격 계산은 다음과 같다.

> 기본 가격 + 아티스트 마진 = 고객의 최종 가격

판매 가격이 20달러고 아티스트 마진을 20%로 설정했다면 최종 가격은 24달러다(판매가 20달러 + 아티스트 마진 4달러). 마진을 너무 높게 설정하면 최종 가격이 올라가 잠재적인 구매자들을 놓칠 수 있으니 모두를 만족시킬 수 있는 적정한 마진을 설정해야 한다.

③ 레드버블에서 정산받기

레드버블에서 수익을 받는 방법은 간단하다. 매달 15일을 기준으로 정산되는 로열티가 20달러를 초과하면, 별도로 정산을 신청하지 않아도 레드버블이 디자이너의 페이팔 또는 은행 계좌로 그 금액을 지급한다.

④ 레드버블에서 수익 극대화하기

지금까지 레드버블에서 '작업→판매→정산'까지 일련의 과정을 살펴보았다. 다음은 수익을 극대화하는 방법을 알아볼 차례다. 과연 어떻게 수익을 극대화할 수 있을까? 우선 레드버블에서 노출을 높여야 한다. 디자인도 중요하지만, 더 중요한 것은 가시성이다. 눈에 잘 띄어야 한다. 많은 사람들이 흔히 하는 실수 중 하나가 있다. 이미지를 업로드할 때(153p 참고) 디자인에만 집중한 나머지 제목을 무시하는 것이다. 레드버블은 디자이너가 입력한 내용을 참고하여 디자인을 어떻게 홍보할지 결정한다. 그렇기 때문에 제목, 태그, 설명에 명확하고 검색하기 쉬운 용어를 사용하는 것이 중요하다. 재미있거나 위트 있는 제목은 흥미로울 수는 있지만, 판매량을 높이는 데는 효과적이지 않다. 직설적이고 기술적인 제목을 사용하는 것이 좋다.

[예시]

- 제목: 쉽게 이해할 수 있는 단어를 사용한다.

ex. Pastel Patchwork

(파스텔톤의 패치워크(조각 붙임))

- 태그: 디자인을 찾기 위해 사용할 수 있는 관련 용어를 나열한다.

ex. pastel, patchwork, pattern, quilt, hexagons, wallpaper, background, spring

(파스텔, 패치워크, 패턴, 퀼트, 육각형, 벽지, 배경, 봄)

- 설명: 일관된 방식으로 핵심 용어를 반복 설명한다.

ex. This pattern is adorned with soft pastels and a quilt-like arrangement of hexagons. Whether used as wallpaper, fabric, or other decor items, this pattern brings with it a sense of peace and artistry.
(이 패턴은 부드러운 파스텔 톤과 육각형의 퀼트 같은 배열로 장식되어 있습니다. 벽지, 패브릭 또는 기타 데코 아이템 등 어디에 사용하든 이 패턴은 평화롭고 예술적인 느낌을 선사합니다.)

레드버블에서 디자이너로서의 경험을 쌓고 더 많은 수익을 얻으려면 이러한 구조를 이해하고 본인에 맞게 잘 적용해야 한다.

PART 2

기업편 |
기업이 성장하기 위한
과정

01

AI디자인 인재로
취업 뽀개기

1. 문은 두드려야 열린다

　우리는 지금 AI를 활용하는 세상에 살고 있다. 급변하는 세상 속에서 우리가 언제까지 AI를 무시하며 살아갈 수 있을까? 전통적인 방식이 익숙하다는 이유로 언제까지 그 방법만 고집하며 살아갈 수 있을까? 앞으로는 점점 더 많은 곳에서 AI를 활용하여 더 빠른 시간에 더 질 좋은 결과물을 만들 수 있다. 디자인의 영역도 마찬가지다. '디자인 프롬프트 엔지니어'라는 새로운 직업군이 등장했다. 관심과 의욕만 있다면 이 길을 선택한 사람들에게는 무한한 가능성이 열려 있다.

　그럼에도 한 가지는 기억하자! 기회란 언제나 당신에게 문을 열고 기다리고 있지 않다는 사실을. 때로는 본인이 직접 문을 두

드리고 스스로 열어야 할 때가 더 많다.

산업은 빠르게 발전하고 있다. 스마트폰이 등장하기 전을 기억하는가? 삐삐로 호출을 하거나, 통화나 문자 메시지가 전부였던 그 시절을 말이다. 집 전화로 인터넷에 접속하고 아주 비싼 요금을 내야 했던 그때. 이젠 추억 속의 이야기가 되었지만, 당시에는 그것만으로도 충분하다고 생각했다. 스마트폰이라는 것의 필요성을 전혀 느끼지 못했다. 한 번도 경험해 보지 않은 제품의 가치를 제대로 알기 어려웠기 때문이다. 하지만 현재는 어떤가? 스마트폰으로 못 하는 게 없는 세상이 되었다. 그리고 스마트폰은 우리 생활에 없어서는 안 될 필수적인 기기가 되었다.

디자인 프롬프트 엔지니어도 마찬가지다. 이 생소하고 새로운 직업군에 대한 인식은 아직 많이 부족하다. 어떠한 일을 하는지, 어떠한 장점이 있는지 제대로 알고 있는 회사는 그리 많지 않다. 대부분의 회사들은 여전히 우리가 알고 있는 AI를 활용하지 않는 기존의 디자이너를 채용하고 있다.

그렇다고 우리가 한켠에서 멍하니 기다리고만 있어야 할까? 결코 그렇지 않다. 기다리는 대신 먼저 다가가 자신을 소개해 보자. 기존의 디자이너가 제공할 수 없는 가치(시간과 비용 절감, 다양한 해결책 제시 등)를 디자인 프롬프트 엔지니어가 어떻게 제공할 수 있는지 보여 주는 것이다. 자신만의 개성 있는 포트폴리오를 준비하는 것도 중요하다. 당신이 회사에 보여 줄 수 있는 비전을 얘기하는 방법도 있다. 회사 입장에서 설득력 있는 제안서를 작성하거나, 혁신적인 프롬프트를 만들어 내는 방식이면 좋다.

AI 없이도 충분한 시대가 있었다. 하지만 지금은 어떤가? 그렇지 않다. AI의 발전 속도만큼 많은 기업들도 AI를 수용하기 위해 노력 중이다. 기업들은 AI의 발전 가능성과 그 잠재력에 대해서는 충분히 인식하고 있다. 하지만 이를 실제 업무와 어떻게 연결해야 할지 아직 잘 모르는 경우가 많다. 그리고 꼭 활용해야 하는지 의구심을 가지기도 한다. 스마트폰이 처음 등장했을 때와 비슷하게, 한 번도 경험해 보지 않았기 때문에 그 가치를 이해하지 못하고 있는 것이다.

그러나 디자인 프롬프트 엔지니어의 가치를 한 번이라도 체감한다면, 그 수요는 기하급수적으로 증가할 것이다. 마치 스마트폰이 우리 생활에 깊숙이 자리 잡아 일상생활에서 없어서는 안 될 필수적인 요소가 된 것처럼, 디자인 프롬프트 엔지니어 또한 곧 기업 환경에서 없어서는 안 될 중요한 인재로 인식될 것이다.

기업의 문을 두드릴 때 DID 기법을 활용해 보자! 일명 '들이대(DID)' 기법이다. 다양한 범위에서 사용 가능하고, 필자가 개인적으로 좋아하는 기술이기도 하다. 자신만의 독특한 AI 이미지 생성 기술을 활용하여 전통적인 채용 시장에 '들이대' 보는 것이다. 기업에서 무엇을 놓치고 있는지 보여 주고, 그들이 몰라서 필요성조차 느끼지 못했던 해결책을 제시하여 기업의 인재가 될 기회를 잡아 보자.

일자리는 시작일 뿐이다. 궁극적인 목표는 회사 내에서 지속적으로 영향력 있는 위치를 유지하는 것이다. 프로젝트의 방향을 결정하는 사람이 되어 변화를 이끌고, 당신의 독특한 기술과 시각으로 인해 더욱 중요한 사람이라는 인식을 만들어야 한다.

전통적인 디자이너를 위주로 채용하려는 현재의 채용 시장에 너무 움츠러들 필요는 없다. 많은 사람들이 AI 이미지 프롬프트 엔지니어의 엄청난 잠재력을 아직 모르고 있을 뿐이다. 하지만 그것을 잘 알고 활용할 수 있는 사람이 있다. 바로 당신이다. 무작정 기다리고 있지 말고, 직접 나서 보자. 바로 지금, 당신의 엄청난 가치를 보여 줄 때가 왔다. 자신만의 독특한 기술력을 결코 과소평가하지 마라. 《따라 하다 보면 나도 AI디자이너1》의 내용을 통해 어느 정도 연습했다면 자신만의 개성을 살린 디자인을 얼마든지 만들어 낼 수 있다. 예술과 기술을 아우르는 이 분야의 개척자라는 자부심을 가져도 된다. 회사에서 투자해야 할 가치 있는 인재임을 보여 주자.

망설이지 말고 주저 없이 문을 두드려 보자. 제안서를 작성하고, 샘플을 제출하여 회사가 아직 발견하지 못한 가치를 보여 줘라. 당신의 독특한 기술과 시각은 단순히 일자리를 얻는 것 이상으로, 산업 전체에 큰 영향을 줄 수 있을 것이다.

지금까지 우리는 AI 이미지 프롬프트 엔지니어가 무슨 일을 하는지, 어떤 활동을 해야 하는지 알아봤다. AI 이미지 프롬프트 엔지니어가 미래에 얼마나 유망한지도 알게 되었다. 그렇다면 이제 우리에게 남은 것은 실천뿐이다. 물론 실천은 어렵다. AI 이미지 프롬프트 엔지니어로 활동해 보겠다고 다짐하고 열심히 연습해도 막상 회사의 문을 직접 두드리기로 마음먹기는 쉽지 않다. 그러나 용기를 내 직접 '들이대' 본다면 성공은 이미 눈앞에 있다. 어떻게 포트폴리오를 작성하여 직접 회사의 문을 두드려야 할지 잘 모르겠다면 다음 페이지의 예시를 참고해 보자.

포트폴리오 예시

1. 소개

안녕하세요! AI를 활용하여 창의적이고 혁신적인 이미지를 생성하는 열정적인 프롬프트 엔지니어입니다. 저의 목표는 예술적인 감각과 기술을 접목시켜 다른 사람들에게 그동안 느끼지 못했던 새로운 시각적 경험을 제공하는 것입니다. 그리고 귀사가 AI 디자인 생성 분야를 이끌어 나갈 수 있도록 제가 한 역할을 담당하고 싶습니다.

이 포트폴리오로 제가 가진 역량과 비전을 소개해 드리겠습니다. 또한 저의 능력이 어떻게 귀사의 가치를 더할 수 있는지 보여 드리겠습니다.

2. 개인적 요소

예전부터 AI 기술에 관심은 많이 가지고 있었습니다. 그러다가 AI를 사용하여 이미지를 창조하는 기술이 등장하면서 저의 관심이 폭발했고, 곧 이미지 생성에 몰두하게 되었습니다. 작업하면 할수록 이 기술을 다양한 업종에 적용할 수 있겠다는 가능성을 발견했고, 이미지 생성 분야에서 미래를 보게 되었습니다.

저는 AI 모델과 프롬프트를 사용하여 다양한 스타일의 이미지를 만들어내는 능력이 있습니다. 이를 통해 기술적으로만 훌륭한 것이 아니라 예술적으로도 만족스러운 디자인을 제공해 드릴 수 있습니다. 또한 기존에 볼 수 없었던 과감하고 혁신적인 디자인으로 많은 사람들을 놀라게 할 것입니다.

3. 실제 사례와 예시

[1] 모바일 인터페이스 [2] 가방 [3] 고양이 [4] 구두 [5] 건물 외관 디자인

4. 포부

저는 이미지를 통해 감정과 아이디어를 전달하는 힘을 믿습니다. 그리고 제가 만드는 이미지가 다른 사람에게 많은 것을 전달할 수 있으리라 확신합니다. 작업할수록 이미지 생성 분야에서 미래를 발견했습니다. 이를 통해 창의적인 이미지를 만들고 예술과 비즈니스에 새로운 가능성을 열어 보고자 합니다.

첨부한 포트폴리오를 통해 저의 역량과 비전을 소개해 드렸습니다. 귀사에서 이미지 생성 AI 프롬프트 엔지니어로서의 능력을 더 보여 드릴 수 있기를 희망합니다.

2. 기업에 필요한 AI 이미지 활용 제안

기업에서는 생성형 AI로 매우 다양한 일들을 할 수 있다. 이것은 마치 맥가이버 칼과 비슷하다. 하나의 맥가이버 칼에는 여러 도구가 있어서 다양한 용도로 쓸 수 있는 것처럼, AI를 다양한 산업 분야에 응용할 수 있기 때문이다. 다음은 어느 분야에 활용할 수 있는지 살펴보자.

1) 마케팅 및 광고

생성형 AI를 활용하여 우리가 흔히 볼 수 있는 광고를 만들 수 있다. TV 광고뿐 아니라 신문, 잡지 등 인쇄 매체 광고, 페이스북이나 인스타그램에 올라가는 SNS 광고까지 모두 가능하다.

프롬프트 엔지니어

기존에는 디자이너에게 원하는 디자인을 의뢰하면 며칠이 지나 디자인을 받을 수 있었다. 받은 디자인들을 검수하고 수정이 필요한 부분들을 정리해 요청했다. 그 수정사항이 반영된 결과물을 받고 다시 수정사항을 요청해야 했다. 이렇게 서로 의견을 내고 그것을 반영한 결과물들을 몇 번씩 주고받으며 작업하여 최종적으로 완성본을 결정했다. 그러다 보니 물리적으로 시간이 오래 걸릴 수밖에 없었다. 그리고 여러 번 작업을 반복하다 보니 비용 역시 늘 수밖에 없다.

그러나 AI를 이용하면 일주일 이상 걸리는 작업이 단 1시간만에도 끝날 수 있다. 의뢰, 피드백, 검수 작업을 프롬프트 엔지니어가 그 자리에서 바로 처리할 수 있기 때문이다. 의뢰인이 요구사항을 말하면 프롬프트 엔지니어가 그 자리에서 프롬프트를 입력하여 여러 버전의 디자인을 만들어 낸다. 그러면 의뢰인이 바로 원하는 버전을 선택하고 거기에서 수정할 부분을 더한다. 수정 사항을 반영한 프롬프트를 입력하는 작업을 프롬프트 엔지니어가 반복하다 보면 그 자리에서 완성본을 얻을 수 있다. 의뢰인, 작업자, 디자이너를 거쳐 여러 번 작업물이 왔다 갔다 할 필요도 없고, 촬영하기 위해 모델이나 스튜디오를 섭외할 필요도 없다. 프롬프트 엔지니어가 바로 처리할 수 있다.

실제로 삼성생명에서 AI 기반 광고를 공개했다. 보험업계의 선두주자인 만큼 AI를 받아들이는 데 있어서도 발 빠르게 대처한 것이다. 이 AI 기반 광고는 일반적 모델 섭외 후 촬영이라는 전형적인 진행 방식에서 완전히 탈피했다. 광고 영상의 모든 이미지뿐 아니라 배경 음악까지도 다양한 AI 프로그램을 사용하여 만들었기 때문이다. 업계 최초로 100% AI 기반으로 제작한 것이다. 프롬프트 엔지니어의 역할이 아주 컸다. 그로 인해 모델 섭외, 스튜디오 섭외, 촬영, 음악 감독 섭외, 편집 등에 들어가는 비용과 시간을 엄청나게 줄일 수 있었다. 프롬프트 엔지니어 한 명이 광고 한 편을 만들어 내는 시대가 온 것이다!

미드저니를 활용한 삼성생명 광고 이미지

2) 제품 디자인

프롬프트 엔지니어는 여러 디자인이 제품에 적용된 이미지들을 신속하게 만들어 내어 다양한 산업의 디자인을 제작할 수 있다.

① 자동차 산업

다양한 콘셉트의 자동차, 모빌리티 디자인을 제작할 수 있다. 다양한 디자인을 제공하여 개념이나 상상 속에서만 존재했던 디자인의 가능성을 테스트하고 가속화시킬 수 있다.

(1) 스포츠카

[1] 람보르기니 콘셉트카 [2] 친환경 페라리

(2) 고급 세단

[1] 벤츠 전기차 [2] 미래형 BMW

(3) SUV

[1] 미니멀한 내부 디자인 [2] 미래형 SUV

(4) 오토바이

[1] 미래형 모터사이클 [2] 배트맨 콘셉트 모터사이클

② 건축 및 건설

다양한 환경 및 용도에 맞게 건물 설계를 최적화하여 이미지를 제작할 수 있다. [1]번 이미지는 실제로 의뢰받아 제작했던 카페 건물 외관 디자인이다.

[1] 카페 외관 크리스털 테마 건축 디자인 [2] 비슷한 콘셉트의 다른 디자인

(1) 주거 건물

[1] 친환경 타워 [2] 미래형 수상 주택

(2) 상업 건물

[1] 친환경 오피스 빌딩 [2] 미래형 빌딩

(3) 학교 건물

[1] 미래형 학교 [2] 친환경 교육 캠퍼스

(4) 박물관 건물

자연 친화적 박물관

③ 인테리어

외관뿐 아니라 실내 인테리어도 가능하다. 다양한 인테리어 레이아웃과 디자인을 빠른 시간 안에 만들어 낼 수 있다.

크리스털 테마 인테리어

편안한 느낌의 인테리어

(1) 놀이터

[1] 마법의 숲 테마 놀이터 [2] 게임형 실내 놀이터

(2) 도서관 인테리어

미래형 도서관

(3) 실내 인테리어

[1] 거실 인테리어 [2] 미래형 거실

(4) 사무실 인테리어

[1] 대형 오피스 [2] 자연친화적 오피스

④ 가구

    가구 업계도 기존에 존재하지 않았던 전혀 새로운 콘셉트의 디자인을 만들어 판매할 수 있다. 이는 기존 경쟁 업체를 압도하는 파격적인 경쟁력이 된다. 이미 가구 회사 매스티지데코는 AI가 제작한 디자인이 반영된 이미지를 공개한 바 있다.

(왼쪽) '미드저니'가 생성한 미러트리 이미지와
(오른쪽) 디자이너들이 구현한 실제 가구 (출처: 레이디경향)

(1) 소파

[1] 모던 스타일 소파 [2] 현대적인 소파

(2) 식탁

[1] 현대적인 식탁 [2] 미래형 식탁

(3) 침대

[1] 낭만적 분위기 침대 [2] 우주 테마 침대

(4) 책장

[1] 목재 책장 [2] 기하학적 책장

⑤ 주얼리

다양한 테마의 반지, 목걸이, 귀걸이, 브로치 등의 디자인을 제작할 수 있다.

(1) 반지

[1] 벚꽃 테마의 반지 [2] 라벤더 테마의 반지

(2) 귀걸이

[1] 진주 귀걸이 [2] 엘프 스타일 귀걸이

(3) 목걸이

진주 목걸이

(4) 브로치

우주 테마의 브로치(Brooches)

⑥ 의류 디자인

의류는 보는 것과 입어 보는 것에 차이가 난다. 남다른 디자인의 옷을 바로 AI를 통해 만들고 입혀 볼 수 있다. 실제로 옷을 제작하지 않아도 가상의 모델에게 입혀 보고 다양한 각도에서 바라볼 수 있으므로 비용과 시간을 절약할 수 있는 것이다.

[1] 남성 비즈니스 정장 90도 배열 [2] 스타워크 테마 런웨이

[3] 여성 가죽 재킷

(1) 스트리트 웨어

[1] 남성 스트리트 웨어 90도 배열 [2] 20대 여성 스트리트 웨어 90도 배열

(2) 스포츠 웨어_하이킹 의류

[1] 하이킹 남성 스포츠웨어 [2] 하이킹 90도 배열

(3) 스포츠 웨어_러닝 의류

[1] 여성 러닝복 [2] 여성 러닝복 90도 배열

(4) 작업복

[1] 작업복 사진 [2] 작업복 90도 배열

⑦ **신발**

공상 과학 영화에서 보던 운동화를 AI를 통해 디자인해 볼 수 있다. 제작 전에 설문 조사 등을 통해 선별된 디자인을 제작할 수 있다.

[1] 여성 운동화 [2] 미래형 운동화

[3] 하이힐 [4] 샌들

⑧ 가방 디자인

가방은 무늬가 같아도 크기와 스타일에 따라 느낌이 다르다. 멋진 디자인을 다양한 스타일의 가방에 적용시켜 보면 가장 잘 어울리는 가방을 찾을 수 있다.

(1) 여성용 가방

[1] 토트백 [2] 클러치 백

(2) 백팩

[1] 사이버 펑크 디자인 [2] 미래형 디자인

⑨ 제품 전시

제품을 스튜디오에서 촬영하려면 비용과 시간이 소요되는데, AI를 통해 손쉽게 제작할 수 있다. 스튜디오 촬영 이미지뿐만 아니라 AI로 만든 모델의 홍보 이미지도 제작할 수 있다.

[1] AI로 만든 향수병 [2][3][4] 스튜디오 디스플레이 [5] 모델 홍보

⑩ AI 모델의 의상 착용

AI로 가상의 모델을 만들고 그 모델에 의상을 입혀 볼 수 있다. 아래 이미지는 스테이블 디퓨전에서 가상의 모델 이미지를 만들어 의상을 착용하는 과정이다.

(1) 스테이블 디퓨전에서 특정 포즈를 취하도록 프롬프트를 지정하여 가상의 모델을 만든다.

스테이블 디퓨전을 통해 만든 가상의 모델

(2) AI가 해당 이미지의 포즈를 분석한다.

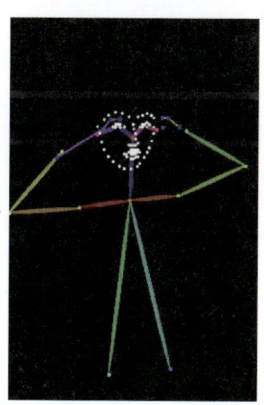

포즈 분석 결과

(3) 다양한 의상 이미지를 만든다.

[1] 가상 앞치마 [2] 가상 재킷

(4) 가상 모델에 의상을 착용시킨 결과물을 생성한다.

[1] 가상 모델에 가상 앞치마를 입힌 이미지
[2] 가상 모델에 가상 재킷을 입힌 이미지

(5) 다음과 같은 과정으로 AI 모델에게 의상을 입힐 수 있다.

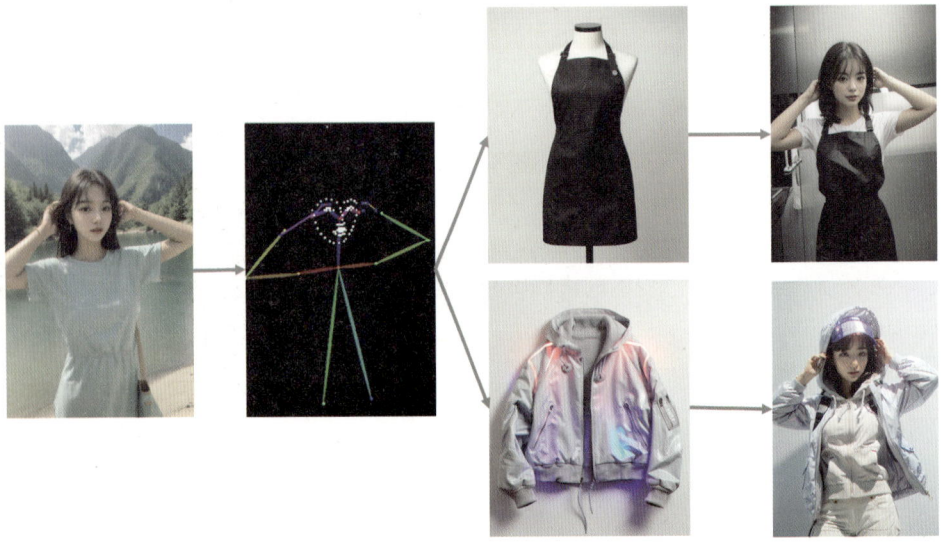

AI 모델에 의상을 입히는 과정

이런 기술을 통해 스튜디오 촬영이나 모델 비용을 대폭 절감할 수 있다.

3) 엔터테인먼트 및 미디어

① 영화 포스터

홍보용으로 역동적이고 매력적인 시각적 콘텐츠를 만들 수 있다.

[1] 러브 스토리 포스터 [2] 도시 액션 스릴러 포스터

[3] 액션영화 포스터 [4] 판타지 포스터

② 맞춤형 캐릭터

(1) 동물 캐릭터

동물을 모티브로 한 캐릭터로, 귀여운 이미지와 개성을 표현한다.

[1] 고슴도치 제빵사 [2] 펭귄 탐험가

(2) 판타지 캐릭터

상상 속의 존재를 바탕으로 한 캐릭터로, 요정, 마법사, 드래곤 등의 캐릭터를 사용한다.

[1] 용을 탄 기사 [2] 판타지 마법사

(3) 게임 캐릭터

생성형 AI를 사용하여 복잡한 게임 캐릭터 디자인이 가능하다.

[1] 마법사 콘셉트 캐릭터 [2] 로봇 캐릭터

(4) 사이보그 캐릭터

미래에서나 볼 법한 멋진 캐릭터 역시 AI로 디자인할 수 있다.

[1] 미래도시의 사이보그 [2] 귀여운 로봇

③ 동화책 삽화

(1) 풍경 및 설정(Landscape and setting)

이야기가 일어나는 환경과 위치를 묘사하여 어떤 분위기인지 전달한다.

[1] 초콜릿 산 [2] 구름 위 건물

(2) 캐릭터 초상(Character portraits)

이야기 속 주인공의 성격, 감정 및 독특한 특징을 보여 준다.

[1] 숲의 요정 [2] 천상의 존재

(3) 장면 삽화(Scene illustrations)

이야기의 주요 순간이나 장면을 시각적으로 표현하여 아이들이 이야기를 눈앞에 있는 것처럼 상상하고 참여할 수 있게 해 준다.

[1] 고대 나무뿌리 [2] 장난감 왕국

(4) 액션 시퀀스(Action sequences)

흥미진진하거나 극적인 사건을 보여 주는 움직임이 있는 이미지로 종종 캐릭터가 싸우거나 도전에 맞닥뜨리는 모습을 보여 준다.

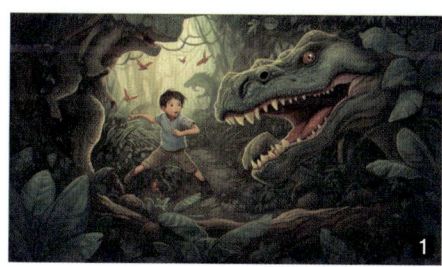 

[1] 정글 속 탈출 [2] 말을 탄 기사

(5) 대화 장면(Dialogue scenes)

캐릭터 간의 대화에 들어가는 삽화로, 아이들이 시각적으로 상황을 더 잘 이해하고, 캐릭터들의 감정을 이해하고 상호작용을 더 잘할 수 있도록 한다.

[1] 부엉이와 소녀의 대화 [2] 견습생과 달인의 대화

(6) 단면도

건물의 단면이나 지도와 같은 추가 정보를 제공하는 시각 자료로 어린이가 이야기 세계를 더 잘 이해할 수 있도록 도와준다.

 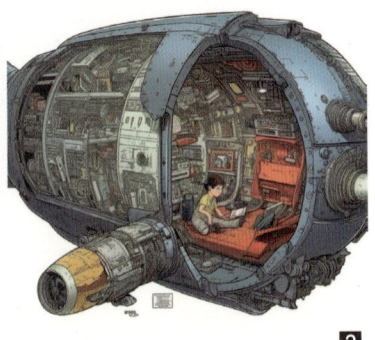

[1] 사탕 상점 [2] 우주선 단면도

(7) 종이 동화책

종이 예술을 전문으로 하는 예술가들은 종이를 자르고, 접고, 모양을 만들어 다양한 작품을 만든다. 이런 표현 방법을 이용하여 동화책 이미지로 만들 수 있다.

[1] 바다생물 [2] 몽환적 숲 풍경

4) 그래픽 디자인

단순한 그림으로 정보를 효과적으로 전달할 수 있는 그래픽 디자인에도 AI가 큰 힘을 발휘한다.

① 로고 제작

기업이나 제품을 대표하는 이미지인 로고도 다양한 콘셉트로 제작할 수 있다.

(1) 미니멀리스트 로고 디자인(Minimalist logo design)

[1] 청소 회사 로고 [2] 연꽃 로고

(2) 손으로 그린 로고 디자인(Hand-drawn logo design)

[1] 커피숍 느낌의 로고 [2] 맥주 양조장 로고

(3) 마스코트 로고 디자인(Mascot logo design)

[1] 아동복 브랜드 로고 [2] 사이버 상어 로고

(4) 배지 로고 디자인(Badge logo design)

[1] 결혼식장 배지 로고 [2] 캠핑 회사 배지 로고

(5) 그라데이션 로고 디자인(Gradient logo design)

[1] 여행사 그라데이션 로고 [2] 스타트업을 위한 그라데이션 로고

(6) 아트 데코 로고 디자인(Art deco logo design)

[1] 고급스러운 패션 브랜드 로고 [2] 고급 향수 브랜드 로고

② 아이콘 디자인

[1] 카메라 아이콘 [2] 고급 빌딩 아이콘

③ 웹 및 앱 디자인

우리가 자주 사용하는 컴퓨터 웹 사이트나 휴대폰 앱의 디자인도 AI를 활용할 수 있다.

(1) 운동화 판매 웹 사이트

운동화 유통을 위한 웹 사이트 디자인

(2) 도넛 웹 사이트

도넛 웹 사이트 디자인

(3) 친환경 부동산 중계 웹 사이트

부동산 사이트 디자인

(4) 가구 판매 웹 사이트

가구 웹 사이트 디자인

(5) 커피숍 웹 사이트

현대적인 커피숍 웹 사이트 디자인

(6) 휴대폰 앱 디자인

모바일 사용자 환경 디자인

(7) 키오스크 디자인

키오스크 사용자 환경 디자인

④ 교육 삽화 디자인

교육 서적의 이미지를 손쉽게 제작할 수 있다. 예를 들어 인체 해부도, 과학 서적의 삽화(식물의 광합성, DNA 복제 과정, 물의 증발 등) 등 어려운 부분을 쉽게 설명하기 위한 그림을 정교하게 만들 수 있다.

(1) 해부학 그림(Anatomy illustrations)

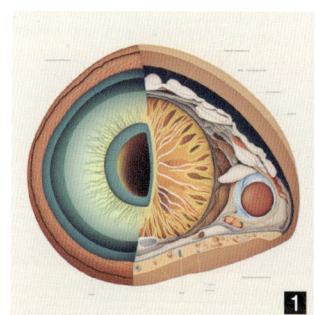 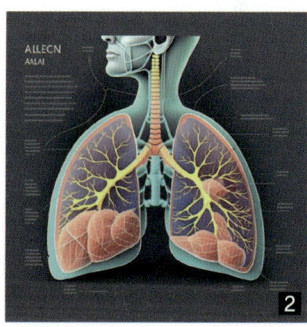

[1] 사람의 눈의 단면도 [2] 폐와 내부 구조

(2) 과학적 다이어그램(Scientific diagrams)

 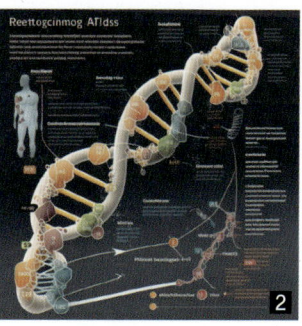

[1] 식물의 광합성 과정 [2] DNA 복제 과정

(3) 기술적 과정 다이어그램(Diagrams of technological processes)

[1] 물 순환 그림 [2] 수력 발전소의 물 순환 그림

⑤ 컬러링북 디자인

요새는 아이뿐 아니라 어른 중에서도 빈칸에 색깔을 맞춰서 칠하는 컬러링에 관심 있는 사람들이 많다. 컬러링북 역시 AI를 통해 만들 수 있다.

(1) 동물 컬러링북

[1] 고양이 컬러링 [2] 곰 컬러링

(2) 음식 컬러링북

[1] 과일 컬러링 [2] 아이스크림 컬러링

02

AI디자인 인재를 선점해야 산업에서 선두가 될 수 있다

1. 지금 시작해야 되는 이유

"AI 시대의 변화를 따라잡지 못한다면 우리는 쫓겨날 것이다."

알리바바의 신임 CEO 에디 우가 한 말이다. 이는 단순한 경고가 아니라 모든 기업에게 던지는 진지한 도전이다. 알리바바는 중국 최대의 온라인 쇼핑몰 기업이다. 해외에서도 유명해 우리나라에서도 알리바바의 자회사가 운영하는 알리익스프레스를 이용하는 사람들이 많을 정도다. 하지만 에디 우는 알리바바 같은 큰 기업조차도 AI로 인한 변화의 파도에서 자유롭지 않다고 강조했다. 이 말은 모든 기업이 AI가 가져오는 혁신을 통해 새로운 비즈니스 패러다임을 만들어 내야 한다는 의미로 해석될 수 있다.

'디스럽션(Disception)'이라는 개념이 있다. 새로운 기술을 사용하여 기존에 있던 회사를 엄청나게 뛰어넘는 것을 가리키는 말이다. 다른 말로 '파괴적 혁신'이라고도 한다. 이 개념은 1997년에 클레이튼 M. 크리스텐슨의 〈혁신 기업의 딜레마〉라는 책에서 처음 소개되었다. 그는 하버드 경영대학원의 교수로, 세계에서 손꼽히는 경영이론가다. 그는 이 책에서 '존속적 혁신'과 '파괴적 혁신'을 이야기한다.

기존의 회사들이 조금씩 제품과 서비스를 개선해 나가는 것이 '존속적 혁신'이다. 그런데 새로운 회사나 기술이 완전히 새롭고 더 좋은 방법으로 사람들에게 확연하게 훌륭한 서비스를 제공하면, 기존의 회사들은 밀려나거나 사라질 수밖에 없다. 이것이 '파괴적 혁신'이다. 새로운 회사나 기술은 훨씬 더 저렴한 가격에 상품을 제공할 수도 있고, 기존 회사들이 생각하지 못한 전혀 새로운 시장을 만들어 내기도 한다. 디지털과 인터넷이 빠르게 발전하면서, 이런 변화는 다양한 산업에서 더욱 자주 일어나고 있다.

대표 사례로 넷플릭스를 들 수 있다. 넷플릭스가 등장하기 전에는 DVD나 VOD 다운로드로 영상을 보는 것이 일반적이었다. 하지만 2007년 넷플릭스가 온라인 스트리밍 서비스를 도입하면서 상황은 확 바뀌었다. 실시간으로 영상을 볼 수 있는 온라인 스트리밍 서비스는 디지털 미디어 분야를 변화시켰다. 이 혁신은 전통적인 미디어 산업의 판도를 완전히 뒤집어 놓았다. DVD 대여점들이 문을 닫고, 사람들은 원하는 영상을 어디서나 실시간으로 볼 수 있게 되었다. 그 결과 넷플릭스는 인터넷으로 사람들이 원할 때 영상을 볼 수 있는 OTT 플랫폼이라는 새로운 시장을 만들어 냈다. 그리고 현재까지도 압도적인 점유율을 차지하고 있다.

이렇듯 파괴적 혁신 현상이 산업을 계속해서 바꾸고 있다. 그리고 현재 역대급으로 파괴적 혁신을 이끌 기술 중 하나가 바로 AI, 인공지능이다.

실제로 AI는 우리 곁에 존재한다. 많은 기업들이 AI를 활용해 혁신을 꾀하고 있다. 제일기획은 에버랜드 내 이색 체험 공간인 블러드시티의 〈화이트Z: 희망의 씨앗〉 캠페인 티저 영상을 AI로 제작했다. 이 영상은 실제 촬영 없이 AI만으로 영상 스토리를

에버랜드, AI로 만든 티저 영상 이미지

구성하고, 배경 음악, 내레이션 등을 제작하는 도전적인 프로젝트였다. 영상 스토리 구성은 챗GPT를 활용했으며, 이미지는 생성형 AI 플랫폼인 '미드저니' 등을 활용했다. 또한, 배경 음악은 AI 작곡 프로그램 '뮤버트'가 제작했고, 내레이션은 음성 생성형 AI '타입캐스트'를 활용했다. 이처럼 다양한 AI 기술을 활용하여 블러드 시티의 디스토피아 세계관과 사이버펑크 콘셉트를 효과적으로 표현해 낸 것이다.

또 다른 사례로 편의점 GS25가 있다. AI 기술을 활용하여 상품 패키지 디자인과 홍보 영상 제작에 혁신을 가져왔다는 평가를 받았다. 실제로 〈심플리쿡떠먹는타코〉, 〈제철열무샐러드〉와 같은

GS25, 인공지능이 만든 홍보 영상 이미지

상품의 포장 패키지를 AI가 디자인했다. 상품의 특징과 이미지를 AI 생성 프로그램에 입력하면 자동으로 패키지 디자인이 만들어지는 것이다.

또한 GS25는 AI를 활용하여 상품 관련 홍보 영상을 제작하고 자사 인스타그램에 게시하기도 했다. MZ세대를 타깃으로 한 디자인과 콘텐츠를 개발하는 데 있어 AI 기술을 적극적으로 활용하고 있는 것이다. 그 외에도 GS25는 챗GPT를 활용해 숏폼 영상 콘텐츠를 제작하는 등 다양하게 AI를 활용하고 있다. 이는 기업에서 AI를 효과적으로 활용하는 사례 중 하나로 주목받고 있다.

현재의 기술 변화: 생성형 AI와 프롬프트 엔지니어

전통적으로, 그래픽 디자이너들은 다양한 프로젝트에 대한 이미지를 구상하고 제작하는 데 수 시간 또는 수일이 걸렸다. 이러한 프로젝트는 광고뿐만 아니라 제품의 포장지 디자인, 웹 사이트나 앱의 사용자 화면 디자인까지 아주 다양하다. 이런 작업은 종종 많은 사람들이 작업에 투입된다. 또 어도비(Adobe)의 포토샵(Photoshop)이나 일러스트레이터(Illustrator) 같은 디자인 전문 소프트웨어를 사용하는 경우가 많기 때문에 전문적인 기술이 필요하고 사용하는 데 주의해야 할 것이 많다.

반면에, 프롬프트 엔지니어들은 몇 분 만에 수천 개의 이미지를 만들어 낼 수 있다. 이런 이미지들은 해당 프로젝트에 딱 맞는 키워드들을 뽑아서 입력해 만들어진 것이다. 그러므로 회사가 요구하는 사항에 딱 맞출 수 있다. '프롬프트'라는 특정한 것을 시스템에 입력함으로써, 이 엔지니어들은 AI를 원하는 방향으로 유도할 수 있으며, 그 결과 관련성 있는 독특한 이미지가 만들어진다. 이런 식으로 맞춤형 이미지를 빠르게 만드는 것은 디자인 분야에서 찾아볼 수 없을 정도로 많은 시간과 노력을 절약해 준다.

프롬프트 엔지니어와 생성형 AI는 작업 시간을 단축하는 것 외에도 여러 산업에 근본적인 변화를 불러오고 있다. 특히 광고와 미디어 분야에서는 프롬프트 엔지니어가 몇 분 만에 다양한 광고 버전을 만들어 내기 때문에, 의사 결정 과정도 빨라지고 모든 작업이 빠르게 이루어진다.

이러한 대대적인 변화를 무시하는 것은 대단히 위험한 태도다. 생성형 AI와 이 시스템을 활용할 수 있는 인력, 즉 프롬프트 엔지니어에 투자하는 것은 기업에게도 이득이 되는 결정이다. 효율성, 경쟁력, 그리고 혁신 측면에서 장기적으로 계산할 수조차 없는 큰 가치를 제공할 것이다.

현대는 끊임없이 변화하는 기술을 따라잡고 적응해야 한다. 인공지능은 현재 가장 큰 영향력을 지닌 기술이다. 미래의 경쟁에서 앞서나가기 위해 반드시 필요하다. 경쟁에서 뒤처지지 않고 미래를 이끌어 가고 싶다면, 지금 바로 AI를 활용하겠다는 결정을 내려야 한다. AI는 단순히 기술이 아니라 미래를 바라보는 지혜다. 이를 놓치면 기회를 영영 놓치는 것이다. AI는 더 이상 선택이 아닌 필수다. 기업은 지금 AI를 활용해야만 미래의 경쟁에서 살아남을 수 있다.

2. 이미지 프롬프트 엔지니어에게 필요한 역량

점점 주목받기 시작하는 새로운 직업군, '프롬프트 엔지니어'. 그들은 생성형 AI를 최적화하여 사용하는 일을 한다. 이런 일을 하려면 어떤 능력이 필요할까? 모든 일에 공통적으로 필요한 역량이겠지만 프롬프트 엔지니어의 입장에서 자세히 알아보자.

문제 해결 능력

모든 기술은 구현할 때 문제가 따라올 수밖에 없다. 처음부터 AI 모델이 처음 내가 생각했던 이미지를 딱 맞게 내보내 주지 않는다. 내 의도와는 거리가 먼 이미지를 만드는 경우가 훨씬 많다. 그럴 때 프롬프트 엔지니어는 문제가 생기는 근본적인 원인을 분석해야 한다. 그리고 AI 모델에 입력한 프롬프트에 무슨 문제가 있는지를 살펴봐야 한다. 원하는 이미지가 제대로 나오지 않는다면, 입력한 프롬프트가 명확하지 않기 때문이다. 어떤 부분을 보완해야 할지 살펴봐야 한다. 그렇게 프롬프트를 미세 조정하고 피드백을 반복함으로써 AI의 결과물을 향상시키다 보면 원하던 이미지를 얻을 수 있다.

효과적인 의사소통

유능한 디자인 프롬프트 엔지니어가 되기 위해서는 기술적으로 능숙한 것만으로는 충분하지 않다. AI를 다루는 업무 쪽의 기술뿐 아니라 소통 능력과 같이 사람을 대하는 소프트 스킬의 균형이 필요하다. 일을 하다 보면 복잡한 요구 사항을 요청받을 때가 있다. 그럴 때, AI에 대해 잘 모르는 상대방에게 납득할 수 있도록 잘 설명하고 설득해야 하기 때문이다. 주어진 상황에서 무엇이 가능하고 무엇이 불가능한지, 그것이 왜 불가능한지 충분히 설명할 수 있어야 한다. 그래서 비전문가인 상대방을 이해시킬 수 있는 소통 능력이 매우 중요하다.

PMI(Project Management Institute)는 미국의 비영리조직으로, 프로젝트 관리에 대해 연구하는 기관이다. 이곳에서 수행한 연구에 따르면 엔지니어링을 비롯한 다양한 산업 분야에서 프로젝트를 성공하기 위한 중요한 기술로 의사소통을 지속적으로 강조하고 있다. 이 연구는 의사소통이 잘 안되면 프로젝트가 실패하는 경우가 많다는 점에 주목한다. 반대로 말하면 효과적인 의사소통이 프로젝트의 효율성을 높이고 성공으로 이어지게 한다는 것이다.

상상력과 창의력

특히 프롬프트 엔지니어에게 상상력과 창의력은 독창적인 이미지를 만드는 데 중요한 요소가 된다. 한계를 정하지 않고 이미지의 그림체, 3D, 구조, 분위기 등을 계속 연구하고 새로운 영역으로 확장해 가야 한다. 그러다 보면 기존에 상상조차 할 수 없었던 디자인을 만들어 낼 수 있다. 이는 단순히 훌륭한 이미지를 만들어 내는 것에만 그치는 것이 아니다. 문제를 해결하고, 혁신적으로 사고하는 힘을 길러 준다. 심지어 명확하지 않고 미묘하게 느껴지는 요구 사항을 이해하는 데 있어서 중요한 역할을 할 수 있다.

어도비(Adobe)의 "State of Create 2016" 연구에 따르면 창의성을 장려하는 기업은 수익 성장 측면에서 동종 기업보다 뛰어난 성과를 낼 가능성이 3.5배 더 높은 것으로 나타났다. 세계 최고의 IT 기업 중 하나인 IBM에서 세계적인 쟁점을 경영에 반영하기 위해 운영하는 IBM 기업가치연구소의 연구에 따르면 창의성은 전 세계 CEO가 추구하는 최고의 기술 중 하나다.

집요함

이미지 디자인 프롬프트 엔지니어라는 직업의 역할을 생각해 보자. 그들은 AI라는 최첨단 기술을 사용하는 전문가다. 그래서 우리는 종종 그들을 프로그램을 다루는 기술만 익히면 된다고 생각하기도 한다. 그러나 일적인 기술 외에 또 하나의 중요한 기술이 있다. 바로 집요함이다. 생성형 AI를 통해 이미지를 만들어 내는 기술은 매우 빠르게 발전하고 있다. 이런 영역에서 집요함은 단순한 미덕이 아니라 필수적인 요소다. 이것은 피할 수 없는 장

애물에 부딪혔을 때 포기하지 않는 것을 의미한다. 프롬프트를 미세 조정하다 보면 무수히 많은 이미지가 만들어지고 버려진다. 그런 과정을 거치다 보면 내가 원하는 이미지가 나올 것인지 의심이 되고 포기하고 싶은 마음이 든다. 하지만 쉽게 포기하지 않는 집요함과 끈기는 원하는 결과물을 기어코 얻을 수 있는 무기가 될 수 있다.

프롬프트 엔지니어의 역할은 다면적이어서 AI를 다루는 하드 스킬과 사람과 소통하는 소프트 스킬이 모두 필요하다. 이 분야가 계속 발전함에 따라 기술적 숙련도를 의미하는 하드 스킬과 효과적인 의사소통, 창의성, 집요함 등의 소프트 기술 사이의 균형을 유지할 수 있는 사람은 앞으로 다가올 도전과 기회에 대처할 준비가 가장 잘 되어 있는 사람이 될 것이다.

3. 기업은 이미지 프롬프트 엔지니어가 필요하다

"AI가 인간을 대체할 수는 없지만, AI가 있는 인간은 AI가 없는 인간을 대체할 것이다."

카림 락하니 하버드 경영대학원 교수가 한 말이다. 그는 다년간 AI를 연구해 온 전문가다. 그는 AI가 인간을 완전히 대체할 수 없을 것이라고 말한다. 하지만 AI를 사용하는 인간이 AI를 사용하지 않는 인간보다 더 우세할 것이라고 예상한다. 그는 인터넷이 정보 전송 비용을 크게 줄인 것처럼, AI도 사람들의 생각하는 비용을 줄여 줄 것이라고 바라보았다. 따라서 사람들은 AI를 활용하는 기업에 더 큰 기대를 갖게 될 것이라고 예측하고 있다.

더 이상 먼 미래의 이야기가 아니다. 현실에서도 AI를 쓰는 사람과 AI를 쓰지 않는 사람의 차이가 점점 더 크게 나타나고 있다. 이러한 흐름 속에서, 기업들은 이미지 제작과 관련해 생성형 AI를 점점 더 많이 활용하고 있다. 그 중심에는 '이미지 프롬프트 엔지니어'가 있다. 이미지 프롬프트 엔지니어가 기업에 가져다주는 가치는 단순히 이미지를 쉽게 제작할 수 있다는 것뿐만이 아니다. 경쟁력과 효율성, 그리고 안전성까지도 따라오는 것이다.

업무 속도 및 효율성 향상

회사 내부에 이미지 프롬프트 엔지니어가 있을 때 가질 수 있는 중요한 이점 중 하나는 속도와 효율성이 크게 향상된다는 것이다. 일반적으로 몇 주가 걸릴 수 있는 프로젝트가 훨씬 짧은 시간 내에 완료될 수 있다. 이는 먼저 내보내는 것이 중요한 광고, 패션, 디자인 등의 산업에서 큰 차이를 만들 수 있기 때문에 매우 큰 장점이 된다.

경쟁 우위

생성형 AI 도구는 널리 사용되고 있지만, 이를 효과적으로 사용할 수 있는 사람은 그리 많지 않다. 그런데 만일 숙련된 이미지 프롬프트 엔지니어가 회사 안에 있다면 어떨까? 이러한 전문성을 활용해 경쟁력을 갖출 수 있다. 맞춤형 광고 자료부터 독점 디자인에 이르기까지 활용할 수 있는 분야도 매우 다양하다. 전문성이 부족한 경쟁자가 쉽게 복제할 수 없는 독특한 콘텐츠를 생산할 수도 있다.

지식 재산권과 보안

이미지 생성을 외부 업체에만 의존하다 보면 회사의 작업 내용이 외부로 나갈 수밖에 없다. 따라서 데이터 유출 및 지식 재산권 침해와 같은 위험에 노출될 수 있다. 하지만 내부에 전문가가 있다면 이러한 위험은 없다. 모든 데이터와 생성된 콘텐츠가 회사 안에서만 움직이기 때문이다. 따라서 외부에 노출될 걱정 없이 더 과감한 아이디어가 논의되고 실험과 개발에 안전한 환경이 보장된다.

내부 혁신

회사 내부에 있는 이미지 프롬프트 엔지니어는 단순히 기술자로서 기술만 제공하는 것이 아니다. 기업을 변화시키는 혁신에 큰 역할을 한다. 이미지 프롬프트 엔지니어가 회사 내부에 있으면 사내 문화와 업무 과정, 시스템과 회사의 자원을 외부의 계약자보다 당연히 더 잘 이해하고 있다. 회사에 대한 높은 이해도는 회사에 더 알맞은 디자인을 만들어 낼 수도 있다. 그리고 작업 과정에서 더 효율적으로 작업하면서 회사 시스템을 변화시킬 수도 있다.

회사의 유연성 확보

생성형 AI는 빠르게 발전하는 분야다. 회사 내부에 이미지 프롬프트 엔지니어를 두는 것은 기업을 유연하고 새로운 기술에 더 잘 적응할 수 있게 한다. 그 전에 잘 작업했던 외부 계약자가 새로운 기술로도 잘 작업하리라는 보장은 없다. 회사 내부에 있는 이미지 프롬프트 엔지니어가 꾸준히 새로운 기술을 익히고 발전해 나가는 것이 회사 입장에서 훨씬 상황에 유연하게 대처할 수 있다. 그러다 보면 회사는 새로운 기술이 적용된 최첨단 전략을 선택해서 실행할 수 있다. 그리고 그로 인해 경쟁사를 앞서 나갈 수 있다.

이미지 프롬프트 엔지니어는 단순한 '이미지 제작자'를 넘어 '미래를 준비하는 전략가'다. 기업이 경쟁에서 앞서가고 혁신하기 위해서는 이들이 반드시 필요하다. 따라서 기업은 이미지 프롬프트 엔지니어를 고용하는 일에 적극적으로 나서야 한다.

또한 이미지 프롬프트 엔지니어를 고용하는 것에 그치지 않고 육성하는 데에도 큰 힘을 기울어야 한다. 이미지 프롬프트 엔지니어의 교육과 개발에 투자하는 것은 곧 미래에 투자하는 것이다. 다음 페이지에서 이미지 프롬프트 엔지니어를 육성하는 방법에 대해 좀 더 자세히 살펴보자.

4. 회사 경쟁력을 높이는 열쇠: 이미지 프롬프트 엔지니어 육성

앞서 말한 것처럼 AI 기술이 변화를 이끄는 현대 사회에서 능력 있는 이미지 프롬프트 엔지니어는 회사의 경쟁력을 높이는 결정적인 역할을 한다. 이러한 영향력을 효과적으로 활용하려면 어떻게 해야 할까? 무엇보다 중요한 것은 회사가 체계적인 내부 교육 프로그램에 투자해야 한다는 것이다. 꾸준한 투자로 양성된 이미지 프롬프트 엔지니어는 회사에 큰 도움이 될 것이다.

교육과 훈련

능력 있는 내부 전문가를 양성하기 위해 가장 필요한 것은 무엇일까? 바로 잘 짜인 교육 과정이다. 이 과정은 생성형 AI와 이미지 프롬프트 엔지니어링의 기본 개념뿐만 아니라 보다 심화된 주제까지 다룰 수 있어야 한다. AI 기술은 지속적으로 발전하고 있기 때문에, 교육 자료를 정기적으로 업데이트하는 것도 중요하다.

구글은 세계 최고의 인터넷 포털 사이트다. 하지만 포털 서비스에서 멈추지 않고 지속적으로 AI를 활용한 기술을 연구하고 AI 서비스를 제공하고 있다. 구글의 '머신러닝 크래시 코스(Google ML Crash Course)'는 다양하게 발전하는 커리큘럼의 훌륭한 예다. 원래 구글 엔지니어의 기술을 향상시키기 위해 개발된 과정인데 온라인으로 무료로 들을 수 있다.(https://developers.google.com/

machine-learning/crash-course/?hl=ko) 이 프로그램은 인공지능의 기본부터 고급 기술까지 폭넓게 다루고 있고, 새롭게 발전되는 내용을 포함하여 정기적으로 업데이트하는 것으로 알려져 있다.

맞춤형 교육

표준화된 교육도 당연히 필요하지만 그것만으로는 충분하지 않다. 더 큰 효과를 얻으려면 회사 사정에 맞는 교육이 필수다. 회사마다 비즈니스 분야와 목표가 다르기 때문이다. 회사의 특별한 요구 사항과 목표를 충족시키는 맞춤 프로그램은 기업에 매우 큰 도움이 된다. 이런 맞춤형 교육은 직원들이 배워야 할 것만 집중해서 학습할 수 있으므로 교육 기간이 줄어든다. 또한 학습을 통해 얻은 스킬을 직장 내에서 즉시 적용할 수 있다.

외부 자원 활용

내부 교육도 필수적이지만, 외부 자원을 통한 보완 역시 중요하다. 내부에서만 서로 교육 내용을 주고받다 보면 시야가 좁아지고 놓치는 게 생길 수 있기 때문이다. 그런 부분을 채워 줄 수 있는 것이 바로 외부 교육이다.

회사는 제3자가 제공하는 코스, 온라인 학습, 컨퍼런스 등을 필요할 때 적절하게 활용해야 한다. 이런 자원들은 다양한 시각을 제공해 주며, 내부 교육 프로그램에서 미처 다루지 못한 부분을 채워 준다. 특히 '한국AI기술협회' 등 AI 전문 단체들이 운영하는 교육 프로그램은 전문성과 실용성을 두루 갖추고 있다.

평가와 피드백

교육 프로그램의 효과를 측정하려면 내용에 대한 평가가 반드시 뒤따라야 한다. 회사는 정기적인 평가를 통해서 교육의 효과를 확인하고 무엇을 개선해야 할지 파악할 수 있다. 더불어, 학습자들로부터 받은 피드백을 반영하여 교육 과정을 더욱더 업데이트할 수 있다.

기업에서 이미지 프롬프트 엔지니어를 육성하는 것은 단번에 이루어지지 않는다. 여러 단계와 전략이 필요하다. 체계적인 교육과 맞춤형 교육, 외부 자원의 활용, 그리고 지속적인 평가와 피드백이 결합되어야만 효과적인 육성이 가능하다. 이러한 전략을 통해 기업은 불확실한 미래에도 끊임없이 발전하고 경쟁력을 유지할 수 있다.

5. 기업에서 이미지 프롬프트 엔지니어를 실전에서 활용하는 방법

이제 프롬프트 엔지니어를 기업에서 활용해야 한다는 사실은 알았다. 어떻게 육성해야 하는지도 알았다. 그렇다면 어떻게 우리 회사에 적용할 수 있을까? 이미지 프롬프트 엔지니어를 구체적으로 어떻게 사내에 정착시킬 수 있을까? 어떻게 하면 이미지 프롬프트 엔지니어를 회사 안에서 육성하고 활용할 수 있는지 그 방법에 대해 좀 더 자세히 알아보자.

부서별 AI 담당자 선정

가장 먼저, 당연한 이야기 같지만, 기업은 부서마다 AI 담당자를 선정해야 한다. 부서별 윤리 담당자, 봉사 담당자 등을 선정하는 것처럼 말이다. 담당자를 따로 정하지 않는다면 의욕적으로 AI 관련 프로젝트를 시작했더라도 책임지는 사람이 없어 관련 일들이 흐지부지될 수 있다. 담당자로 선정된 이들은 AI 기술에 대한 교육을 받아 부서 내에서 AI 프로젝트를 주도하게 된다.

교육 수료

선정된 AI 담당자들은 AI 및 이미지 생성 기술에 대한 교육을 받아야 한다. 교육에 대해서는 241p에서 자세히 설명했다. 이를 통해 최신 기술 동향을 파악하고, AI 모델 및 프롬프트 엔지니어링 기술을 익힐 수 있다.

부서별 AI 아이디어 제출

각 부서의 AI 담당자들은 부서별로 AI를 활용할 수 있는 아이디어를 모아야 한다. 팀원들에게 아이디어를 내 달라고 요청할 수도 있다. 이 아이디어들을 기업의 전략적 목표와 맞는 방식으로 활용해 보자. 예를 들어 현장 안전 교육 자료에 어떤 행동이 안전을 위협하는지 일러스트레이션을 덧붙이면 시각적으로 훨씬 효과적이다.

부서 KPI로 AI 부분 선정

KPI(Key핵심 Performance성과 Indicator지표)란 기업의 목표를 측정하고 평가하기 위한 지표를 말한다. 기업마다 다르겠지만 객관적인 숫자로 나타나는 매출액이나 순이익 등이 주로 활용된다. 제안된 아이디어 중에서 부서 KPI에 가장 적합한 AI 프로젝트, 예를 들어 제작 비용을 절감해 순이익을 늘릴 방안을 선택해 보자. 이를 통해 AI를 기업의 핵심 업무에 효율적으로 녹아들게 활용할 수 있다.

부서 달성 목표에 반영

AI 프로젝트의 성과는 부서의 달성 목표에 반영된다. 이러다 보면 AI의 활용이 부서 성과와 직결되기 때문에 AI 활동에 더 많은 힘을 쏟게 되고 자연스럽게 AI가 회사 업무에 스며든다.

이미지 생성 AI 적용 예시

구분	적용 예시
마케팅 및 광고 캠페인	AI를 활용하여 맞춤형 광고 콘텐츠 생성 상품 이미지, 배너 광고, 소셜 미디어 콘텐츠 제작
제품 디자인	제품 디자인 아이디어 생성 및 시각화 시제품 및 스케치 자동 생성
시각적 콘텐츠	블로그 게시물, 웹 사이트 이미지, SNS 콘텐츠 생성 일러스트, 포스터, 플라이어 등 다양한 디자인 작업
상품 이미지	온라인 상점을 위한 제품 이미지 자동 생성 다양한 배경과 스타일로 상품 이미지 제작
데이터 시각화	데이터를 시각적으로 표현하는 그래픽 생성 차트, 그래프, 인포그래픽 등 데이터 시각화 자동화
영화 및 애니메이션	영화, 애니메이션의 캐릭터 및 배경 생성 스토리보드 및 씬 디자인 자동화
게임 개발	게임 아트 자동 생성 게임 캐릭터, 배경, 아이템 디자인
의료 이미지 및 연구	의료 영상 이미지 생성 (CT, MRI, X-ray 등) 의학 연구에 활용되는 시각적 자료 생성
교육 및 교재	교육 자료 및 교재의 그래픽 요소 생성 교육 비디오, 강의자료 이미지 자동 생성

이미지 프롬프트 엔지니어를 기업에서 육성하고 활용하면 필요한 콘텐츠를 제작하는 시간을 단축시키면서도 질이 월등히 높아진다. 이는 업무 효율성을 높이는 결과를 가져온다. 또한 AI를

부서의 특성에 맞게 효과적으로 활용하다 보면 기업 전체의 효율성이 향상된다. 따라서 기업의 경쟁력이 강화되고, 다른 기업을 앞서나갈 수 있다. AI에 투자하는 것은 미래에 투자하는 것이다. 이제는 피할 수 없다. 여러분의 기업도 AI라는 재료로 성공의 레시피를 완성해 보기 바란다.

AI가 레시피와 캔 디자인을 개발한
[1] AskUp 하이볼 캔 [2] 코카콜라 신제품 "Y3000"

따라 하다 보면
나도 AI디자이너2

초판 1쇄 인쇄 2023년 12월 15일
1쇄 발행 2024년 1월 1일

지은이 양현진
펴낸이 전지윤
총　괄 신지은
편　집 조한나
마케팅 장효임
디자인 박정호

펴낸곳 리드썸
출판등록 2023년 8월 11일
신고번호 제 2023-000055호
주소 경기도 화성시 동탄대로 683, SH스퀘어2 203호
이메일 readsome@naver.com

ISBN 979-11-984369-2-4 (13190)

※ 이 책은 출판사 리드썸과 저작권자의 계약에 따라 발행한 것으로 무단전재와 복제를 금지하며, 이 책의 전부 또는 일부를 사용하려면 반드시 리드썸 출판사의 서면 동의를 받아야 합니다.

※ 본 책을 이용하여 만든 이미지의 저작권 이슈 발생 시 법적 책임은 본인에게 있습니다.